HIAO KING

Livre canonique sur la Piété Filiale

CONFUCIUS

Traduction par
PIERRE-MARTIAL CIBOT

TABLE DES MATIÈRES

HIAO KING OU DU RESPECT FILIAL	1
NOTICE DU TRADUCTEUR	7
HIAO KING	9
Notes	23

HIAO KING OU DU RESPECT FILIAL

Cinquième livre classique.

Par Jean-Baptiste Du Halde
in Description de la Chine, 1736

Ce petit livre ne contient que des réponses que Confucius fit à son disciple *Tseng* touchant le devoir des enfants envers leurs parents. Il prétend prouver que ce respect filial est le fondement du sage gouvernement de l'empire ; et pour cela il entre dans le détail de ce que doit à ses parents un fils de quelque condition qu'il soit, soit empereur ou roi, soit premier ministre ou lettré, soit enfin qu'il soit dans le rang du simple peuple. Ce livre est fort court, et il ne consiste qu'en 18 très petits articles.

Dans le premier article, il dit à son disciple que la haute vertu des anciens empereurs, qui avaient fait régner de leur temps la paix, la concorde, et la subordination dans tout l'empire, tirait sa source de leur respect filial, qui est la base et le fondement de toutes les vertus.

Dans le 2e, 3e, 4e, 5e, 6e, il fait voir que quelque rang qu'on tienne, et à quelque dignité qu'on soit élevé, on est obligé à ce respect filial : que l'empereur et les Grands donnant aux peuples l'exemple de leur amour et de leur vénération pour leurs parents, il n'y a personne parmi le peuple qui ose avoir du mépris et de l'aversion pour eux ; que par ce moyen la subordination est gardée dans un royaume et que cette subordination produit nécessairement la paix et la tranquillité.

Dans le septième, il dit que le respect filial est d'une étendue très vaste ; que cette vertu s'élève jusqu'au Ciel, dont elle imite les mouvements réguliers ; qu'elle embrasse toute la terre, dont elle imite la fécondité ; qu'elle trouve son objet dans les actions communes des hommes, puisque c'est par les actions ordinaires qu'elle s'exerce ; que quand elle est bien établie dans un royaume, on n'y voit ni troubles, ni procès, ni querelles ; et que, quand la paix règne dans chaque famille, tous les sujets d'un prince sont doux, équitables, ennemis de tout différend, et de toute injustice.

Dans le huitième, il fait voir quel exemple du respect filial, donné par l'empereur, ne manque jamais d'être imité par les seigneurs et les Grands de l'empire ; que les mandarins se forment sur la cour ; et que les peuples imitent de même les mandarins ; et qu'ainsi la conduite de l'empereur influant sur tous les membres de l'État, tout y est soumis, les lois sont observées, et les mœurs sont réglées.

Dans le neuvième, *Tseng* demande à Confucius s'il n'y a pas quelqu'autre vertu plus grande que le respect filial. Confucius lui répond, que comme de toutes les choses produites rien n'est plus noble que l'homme ; de même la plus excellente de toutes les actions de l'homme, c'est celle par laquelle il honore et respecte ses parents ; que le père est par rapport à son fils, ce que le Ciel est par rapport aux choses produites, et que le fils est à regard de son père, ce que le sujet est à l'égard de son roi ; que celui qui n'aime point ses parents, pèche contre la raison, et que celui qui manque à les honorer, pèche contre l'honnêteté ; qu'un roi qui veut trouver de la soumission et de l'obéissance dans les peuples, ne doit rien faire de contraire à la raison ni à l'honnêteté, parce que ses actions servent de règle et de modèle à ses sujets, qui ne lui seront soumis et obéissants, qu'autant qu'ils auront de soumission et d'obéissance à leurs parents.

Dans le dixième, il rapporte cinq devoirs de ce respect filial. Celui qui honore véritablement ses parents, dit-il, doit 1° Les honorer dans l'intérieur de la maison. 2° Se faire un plaisir de leur procurer tout ce qui est nécessaire à leur subsistance. 3° Faire paraître dans son air et sur son visage, la tristesse qu'il ressent dans le cœur, lorsqu'ils sont malades. 4° Prendre des habits de deuil à leur mort, et observer toutes les cérémonies prescrites pour le temps que dure le deuil ; 5° Leur rendre avec la plus scrupuleuse exactitude tous les devoirs funèbres. Dans le onzième, il rapporte les cinq sortes de supplices, dont on punit les différents crimes :

et il prétend qu'il n'y en a point de plus énorme que la désobéissance d'un fils envers son père. Attaquer le prince, poursuit-il, c'est ne vouloir point de supérieurs : éloigner les sages, c'est ne vouloir pas de maîtres ; mépriser l'obéissance filiale, c'est ne vouloir pas de parents, et voilà le comble de l'iniquité, et la source de tous les désordres.

Dans le douzième, il fait voir qu'un roi qui aime ses parents, n'a pas de meilleur moyen pour enseigner aux peuples l'amour qu'ils doivent à leur souverain ; qu'un roi qui respecte ses frères aînés, n'a pas de meilleur moyen pour enseigner aux peuples le respect qu'ils doivent aux magistrats ; qu'un roi qui observe exactement les cérémonies prescrites, c'est-à-dire, qui se comporte à l'égard de chaque personne de la manière qu'il est marqué dans le livre des rois, n'a pas de meilleur moyen de faire fleurir les coutumes de l'empire, et d'y maintenir la paix et la tranquillité.

Dans le treizième, il dit qu'un prince est parvenu à la perfection de la vertu, lorsque par son exemple il a établi dans tout son empire ce respect et cet amour filial : et il cite les vers du *Chi king*, qui s'exprime ainsi : on ne doit appeler père du peuple, qu'un prince qui sait se l'affectionner en réglant ses mœurs. Dans le quatorzième, il fait voir qu'il n'y a point de voie plus courte et plus sûre pour se faire une grande réputation, que d'être exact à tous les devoirs de la piété filiale.

Dans le quinzième, *Tseng* fait cette question à Confucius : Je comprends la nécessité et les avantages du respect filial : mais oblige-t-il à obéir aveuglément à toutes les volontés d'un père ? Confucius répond, que si un père de même qu'un prince, voulait quelque chose de contraire à l'équité et à l'honnêteté ; que s'ils tombaient l'un et l'autre dans quelque faute considérable ; non seulement le fils ne devrait pas obéir à son père, ni le ministre au prince ; mais qu'ils manqueraient à leur principal devoir, s'ils ne donnaient respectueusement les avis convenables à la faute que le père ou le prince commettraient. Il dit ensuite qu'autrefois l'empereur avait à la cour sept admoniteurs, qui étaient chargés de lui faire des remontrances, et de l'avertir de ses fautes ; qu'un roi en avait cinq ; un premier ministre en avait trois ; un lettré avait un ami, et un père avait son fils qui remplissaient l'un et l'autre ce devoir.

Dans le seizième, il dit que quoique l'empereur soit élevé à la suprême dignité, et que tous les peuples soient soumis à son autorité, il a cependant au-dessus de lui des parents, à qui il doit de l'honneur et de la vénération ; que c'est pour cette raison qu'il paraît deux fois l'année dans la salle de ses ancêtres, dans une posture si respectueuse, afin que tout le monde connaisse combien il les honore.

Dans le dix-septième, il fait voir que le prince et le ministre doivent avoir l'un pour l'autre une bienveillance réciproque.

Dans le dix-huitième et le dernier article, il enseigne ce que doit observer un fils obéissant, lorsqu'il rend les devoirs funèbres à ses parents ; son air, ses entretiens, ses vêtements, ses repas, en un mot toute sa personne doit montrer au-dehors, quelle est la douleur dont son cœur est pénétré. Les lois établies par les anciens y mettent cependant des bornes. Elles veulent que le fils ne soit pas plus de trois jours sans manger ; qu'il ne pousse pas le deuil au-delà des trois années ; qu'on fasse un cercueil et qu'il soit orné selon l'usage ; qu'on y renferme le corps du défunt ; qu'on serve des viandes auprès du cercueil ; qu'on y pleure ; qu'on y gémisse ; qu'on bâtisse un sépulcre décent, et qu'il soit fermé de murailles ; qu'on y porte le cercueil avec les cérémonies accoutumées ; qu'on y construise un édifice, où l'on s'assemblera deux fois l'année, au printemps et à l'automne, pour y venir renouveler le souvenir du défunt, et lui rendre les mêmes devoirs qu'on lui rendait pendant sa vie.

NOTICE DU TRADUCTEUR

Le *Hiao king* ou Livre Canonique sur la *Piété Filiale*, est, diton vulgairement, le dernier ouvrage de Confucius, et fut composé l'an 480 avant J.-C. Les savants ont fait un grand nombre de dissertations pour examiner et constater si ce petit dialogue est véritablement de ce sage. Ce qu'on y voit de plus clair, c'est qu'on le lui a toujours attribué, et qu'il n'est pas historiquement démontré qu'il en soit l'auteur. Cependant, comme plusieurs empereurs, quelques anciens historiens et de très célèbres critiques articulent nettement que c'est le Socrate de la Chine qui l'a composé, on peut, ce semble, se ranger de leur avis, qui est le plus universellement suivi depuis bien des siècles, et n'a plus eu de contradicteurs dans ces derniers temps.

Le *Hiao king* fut enveloppé dans la proscription des anciens livres, sous le règne de *Tsinchi-hoang*. Comment a-t-il été recouvré ? Les exemplaires recouvrés étaient-ils les mêmes ? Lequel de ces exemplaires était le plus authentique ? Quel est celui qui a prévalu ? Toutes ces questions mirent aux prises les savants qui voulurent autrefois en faire une affaire d'État. Nous n'insisterons pas sur cet objet. On s'intéresse trop peu au fond du procès en Europe pour avoir la curiosité d'en lire les pièces.

Dès que le *Hiao king* eut paru, il fut expliqué, commenté et paraphrasé de toutes les manières qu'on peut imaginer. Pour comble de gloire, ce petit livre fut mis au nombre des livres canoniques, et décoré du titre de *King*. Méritait-il tous ces honneurs ? Le lecteur en jugera. Peut-être le *Hiao king* doit-il plus sa gloire à l'intérêt qu'on prend ici à tout ce qui concerne la Piété Filiale, qu'à la manière dont ce grand sujet y est traité ; et ce sera encore une plus grande louange pour Confucius, qu'on sait avoir été le conservateur et l'apôtre de la doctrine de la Piété Filiale.

Le père Noël a traduit autrefois le *Hiao king* en latin. Notre traduction sera nécessairement différente de la sienne. Il a travaillé sur le *Kououen, vieux texte,* et nous sur le *Sinouen, nouveau texte*, qu'ont adopté les lettrés du Collège Impérial. Outre cela, il s'est jeté dans la paraphrase, et nous, nous avons pris à tâche de présenter le texte en français tel qu'il est en chinois. Nous avertissons que le texte auquel nous nous sommes attachés, est celui qui a prévalu au Palais, au Collège Impérial et dans toutes les provinces.

Pierre-Martial CIBOT[1]

HIAO KING

Confucius étant assis avec *Tcheng-tzeu* [1], il lui dit :

— Savez-vous quelle fut la vertu suréminente et la doctrine essentielle qu'enseignaient nos anciens monarques [2] à tout l'empire, pour entretenir la concorde parmi leurs sujets et bannir tout mécontentement entre les supérieurs et les inférieurs ?

— D'où pourrais-je le savoir, répondit *Tcheng-tzeu*, en se levant par respect, moi qui suis si peu instruit ?

— La Piété Filiale, reprit Confucius, est la racine de toutes les vertus et la première source de l'enseignement [3]. Remettez-vous, je vous développerai cette importante vérité.

Tout notre corps, jusqu'au plus mince épiderme et aux cheveux, nous vient de nos parents [4] ; se faire une conscience de le respecter et de le conserver, est le commencement de la Piété Filiale. Pour atteindre la perfection de cette vertu, il faut prendre l'effort et exceller dans la pratique de ses devoirs, illustrer son nom et s'immortaliser, afin que la gloire en rejaillisse éternellement sur son père et sur sa mère. La Piété Filiale se divise en trois sphères immenses : la première est celle des soins et des respects qu'il faut rendre à ses parents ; la seconde embrasse tout ce qui regarde le service du prince et de la patrie ; la dernière et la plus élevée, est celle de l'acquisition des vertus, et de ce qui fait notre perfection.

Pouvez-vous oublier vos ancêtres, dit le *Chi-king, faites revivre en vous leurs vertus*[5].

Qui aime ses parents, continua Confucius, n'oserait haïr personne ; qui les honore, n'oserait mépriser qui que ce soit. Si un souverain sert ses parents avec un respect et un amour sans bornes, la vertu et la sagesse des peuples croîtront du double, les barbares mêmes se soumettront à ses arrêts [6]. Voilà sommairement ce qui concerne la Piété Filiale du souverain :

Un seul cultive la vertu, dit le Chou-king, *et des millions de cœurs volent vers elle.*

Si celui qui est au-dessus des autres est sans orgueil, son élévation sera sans péril ; s'il dépense avec économie et avec mesure, quelque riche qu'il soit, il ne donnera pas dans le luxe. En évitant les périls de l'élévation, il en perpétuera la durée ; en se préservant du luxe, il jouira continuellement de l'abondance. Sa grandeur et ses richesses assurées, elles assureront son rang suprême à sa famille et la paix dans ses États. Voilà sommairement ce qui regarde la Piété Filiale d'un prince :

Craignez, tremblez, soyez sur vos gardes, dit le *Chi-king, comme si vous étiez sur le bord du précipice, comme si vous marchiez sur une glace peu épaisse*[7].

Ne vous émancipez point jusqu'à porter d'autres habits que ceux que vous permettent les ordonnances des anciens empereurs ; ne vous hasardez jamais à rien dire qui ne soit conforme aux lois qu'ils ont faites ; n'osez rien faire dont leur vertu ne vous ait donné l'exemple. Alors, comme la règle de vos discours et de votre conduite ne sera pas de votre choix, vos paroles, fussent-elles trompetées dans tout l'empire, on ne pourra point les blâmer et votre conduite attirerait-elle tous les regards, vous n'aurez ni reproche, ni haine à craindre : ces trois choses conserveront la salle de vos ancêtres[8]. Voilà sommairement ce qui est particulier à la Piété Filiale d'un grand.

Il est dit dans le *Chi-king* :

Ne vous relâchez ni jour ni nuit dans le service de l'homme unique[9], [c'est-à-dire, de l'Empereur].

Servez votre père avec l'affection que vous ayez pour votre mère, et vous l'aimerez également ; servez votre père avec la vénération que vous avez pour votre prince, et vous le respecterez également. Ayant pour votre père l'amour que vous sentez pour votre mère et le respect dont vous êtes pénétré pour votre prince [10], vous servirez le prince par Piété Filiale, et serez un sujet fidèle ; vous déférerez à ceux qui sont au-dessus de vous par respect filial, et vous serez un citoyen soumis : or, la fidélité et la soumission préviennent toutes les fautes vis-à-vis des supérieurs[11]. Quel moyen plus sûr, soit de garantir ses revenus et dignités[12], soit de conserver le droit de *tsi-ki* à ses ancêtres ? Voilà sommairement ce qui caractérise la Piété Filiale du lettré : Il est dit dans le *Chi-king* :

Que la crainte de flétrir la mémoire des auteurs de vos jours, occupe les premières pensées de votre réveil, et que le sommeil même de la nuit ne vous les ôte pas[13].

Mettre à profit toutes les saisons, tirer parti de toutes les terres, s'appliquer à ses devoirs et économiser avec sagesse pour nourrir son père et sa mère, c'est là sommairement en quoi consiste la Piété Filiale de la multitude[14].

La Piété Filiale embrasse tout depuis l'empereur jusqu'au dernier de ses sujets ; elle ne commence ni ne finit à personne. Quelque difficulté qu'on trouve à en remplir tous les devoirs, il serait insensé de dire qu'on ne le peut pas.

— O immensité de la Piété Filiale, s'écria *Tcheng-tzeu*, que tu es admirable ! Ce qu'est la régularité des mouvements des astres pour le firmament, la fertilité des campagnes pour la terre, la Piété Filiale l'est constamment pour les peuples[15]. Le ciel et la terre ne se démentent jamais ; que les peuples les imitent, et l'harmonie du monde sera aussi continuelle que la lumière du ciel et les productions de la terre : Voilà pourquoi la doctrine de la Piété Filiale n'a pas besoin de reprendre pour corriger, ni sa politique de menacer pour gouverner.

Aussi les anciens Empereurs ayant compris qu'il n'appartient qu'à cette doctrine de réformer les mœurs [16], ils commencèrent par enseigner l'amour filial, et le peuple ne s'oublia plus vis-à-vis de ses parents[17]. Pour faire sentir ensuite les charmes de la vertu et de la justice, et en persuader la pratique au peuple, ils s'attachèrent d'abord à préconiser le respect pour les aînés, la complaisance pour les cadets, et toute querelle fut bannie parmi le peuple. Ils établirent ensuite le cérémonial et la musique, et la concorde réunit tous les cœurs. Enfin ils publièrent des lois, soit de récompense, soit de châtiment, et le peuple fut contenu dans le devoir. Il est dit dans le *Chi-king* :

Que de majesté et de grandeur environnent le Premier ministre ! Le peuple par respect n'ose pas élever ses regards jusqu'à lui.

— En effet, reprit Confucius, comme c'était d'après la Piété Filiale que les plus sages de nos anciens empereurs gouvernaient l'empire, ils n'auraient osé faire peu d'accueil à l'envoyé du plus petit royaume[18], à plus forte raison, aux grands princes de l'empire, les *kong*, les *heou*, les *pé* et les *nan*. Aussi les dix mille royaumes concouraient-ils avec joie à tout ce qu'ils faisaient pour honorer leurs ancêtres. Les princes dans leurs États n'auraient pas osé mépriser un vieillard ou une veuve, à plus forte raison un des chefs du peuple ; aussi leurs vassaux concouraient-ils avec joie et de cœur à tout ce qu'ils faisaient pour honorer leurs ancêtres. Un chef du peuple n'aurait osé s'oublier vis-à-vis de l'esclave d'un autre, à plus forte raison vis-à-vis d'une épouse légitime ; aussi les concitoyens concouraient-ils avec joie et de cœur à tous ses bons soins pour ses parents. Il arrivait de là que les pères et mères étaient heureux pendant la vie, et après leur mort leurs âmes étaient consolées par des *tsi*. L'empire jouissait d'une paix profonde, il n'y avait ni fléaux, ni calamités ; on ne voyait ni révoltes[19] ni désordres. Hélas ! ces heureux temps recommenceraient encore [20] sous un prince éclairé qui gouvernerait l'empire par la Piété Filiale. Il est dit dans le *Chi-king* :

Quand un prince est sage et vertueux, son exemple subjugue tout.

— Mais quoi ! demanda *Tcheng-tzeu* ; est-ce que la vertu du *Cheng-gin* n'enchérit pas sur la Piété Filiale ?

— L'homme, répondit Confucius, est ce qu'il y a de plus noble dans l'univers ; la Piété Filiale est ce qu'il y a de plus grand dans les œuvres de l'homme ; respecter son père est ce qu'il y a de plus relevé dans la Piété Filiale ; et *pei* [21] son père avec le *Tien*, est ce qu'il y a de plus sublime dans le respect filial. *Tcheoukong* porta le sien jusque-là. Quand il offrait les sacrifices pour les moissons, il *pei* son ancêtre *Heoutsi* avec le *Tien* ; quand il offrait les sacrifices des Solstices, il *pei Ouenouang* son père avec le *Changti* ; aussi tous les princes qui sont entre les quatre mers venaient à l'envi pour en augmenter la solennité. Or, que peut ajouter la vertu du saint à cette Piété Filiale ? Le voici : l'affection d'un enfant pour son père et sa mère naît [22] comme sur leurs genoux, au milieu des caresses qu'ils lui font ; la crainte se mêle à cette affection, à proportion qu'ils l'instruisent, et croît de jour en jour. Or, le *Chenggin* enseigne à changer cette affection en amour [23], et à élever cette crainte jusqu'au respect. Si sa doctrine n'a pas besoin de reprendre pour corriger, si sa politique de menacer pour gouverner, c'est qu'elle remonte jusqu'à la source et porte sur la base de tout.

Les rapports immuables de père et de fils découlent de l'essence même du *Tien* [24] et offrent la première idée de prince et de sujet [25]. Un fils a reçu la vie de son père et de sa mère, ce lien qui l'unit à eux est au-dessus de tout lien, et les droits qu'ils ont sur lui sont nécessairement au-dessus de tout[26]. Aussi ne pas aimer ses parents et prétendre aimer les hommes, c'est contredire l'idée de la vertu ; ne pas honorer ses parents et prétendre honorer les hommes, c'est démentir la notion du devoir[27]. Or, choquer les premières idées et les premières notions dans l'enseignement, c'est laisser les peuples sans voie ; car enfin tout ce qui brouille ou altère la connaissance du bien, tourne en ruine pour la vertu ; et pût-elle se conserver, le sage lui refuserait son estime[28]. O qu'il est éloigné de contredire ainsi les premières idées de vertu et de devoir ! Ses paroles sont d'un vrai qui éclaire, ses actions d'une innocence qui charme, ses vertus d'une pureté qui inspire le respect, ses entreprises d'une sagesse qui en persuade l'imitation, ses manières d'une décence qui attire les regards, toute sa conduite enfin d'une réserve qui sert de règle. C'est ainsi qu'il guide les peuples [29] ; les peuples à leur tour le révèrent, le chérissent et travaillent à lui ressembler[30]. Ainsi ses enseignements sur la vertu passent dans les mœurs publiques, et les lois qu'il établit ne trouvent ni résistance ni obstacles.

O *vertu de mon roi,* dit le *Chi-king, vous êtes sublime et sans tâche !*

Un fils qui a une vraie Piété Filiale s'applique sans relâche à servir ses parents [31] ; il ne se départ jamais du plus profond respect jusque dans l'intérieur de son domestique [32] ; il pourvoit à leur entretien jusqu'à leur procurer tout ce qui peut leur faire plaisir ; il est touché de leurs infirmités jusqu'à en avoir le cœur serré de tristesse [33] ; il les conduit au tombeau avec des regrets qui vont jusqu'à une extrême désolation ; il leur fait le *tsi* enfin avec un respect qui monte presque jusqu'à la vénération. Ces cinq choses renferment tous les devoirs de la Piété Filiale [34] ; qui sert ainsi ses parents, ne donne point dans l'orgueil, quelque élevé qu'il soit. Placé au second rang, il ne cause jamais aucun trouble. S'il est éclipsé dans la foule, il fuit de loin toute querelle. Qui s'enorgueillit dans l'élévation, se perd ; qui cause du trouble au second rang, se met sous le glaive des séditions ; qui a des querelles étant éclipsé dans la foule, affronte les rigueurs des supplices. Or, qui donne dans un de ces trois excès, quand même il nourrirait ses parents chaque jour avec les trois animaux des grands sacrifices[35], il n'a pas de Piété Filiale[36].

Les cinq supplices embrassent trois mille crimes[37], le plus grand de tous est le défaut de Piété Filiale[38]. Qui se révolte contre son souverain, ne veut personne au-dessus de soi ; qui rejette le saint, ne veut dépendre d'aucune loi ; qui abjure la Piété Filiale [39], ne veut avoir personne à aimer : ce qui fait ouvrir la porte à des désordres qui anéantissent toute règle et tout bien[40].

La Piété Filiale, continua Confucius, et le moyen le plus aimable d'enseigner au peuple les affections et les bienfaisances de l'amour ; l'amitié fraternelle est le moyen le plus aimable de persuader au peuple les égards et les déférences du sentiment[41] ; la musique est le moyen le plus aimable de réformer les mœurs publiques, et de les renouveler entièrement [42] ; le *Li* enfin est le moyen le plus aimable de conserver l'autorité du souverain et d'assurer les soins de l'administration publique [43]. Le *Li* naît du respect, et le produit. Un fils est ravi des égards qu'on a pour son père, un cadet est flatté des attentions qu'on a pour son aîné, un vassal est charmé des honneurs particuliers qu'on rend à son maître, un million d'hommes est enchanté des honnêtetés qu'on n'a faites qu'à un seul. Ceux qu'on distingue ainsi, sont en petit nombre, et tout le monde s'en réjouit [44] ; c'est donc le grand art de régner.

Un prince enseigne la Piété Filiale, poursuivit Confucius, sans aller en faire des leçons chaque jour dans les familles [45] ; il apprend à honorer les pères et mères dans tout l'empire, en rendant des honneurs à la paternité ; il apprend à aimer les frères dans tout l'empire, en rendant des honneurs à la fraternité ; il apprend à être un sujet fidèle dans tout l'empire, en rendant des honneurs à l'autorité publique [46]. Le *Chi-king* dit :

Un prince qui se fait aimer et change les mœurs, est le père et la mère des peuples [47]. *O combien parfaite ne doit pas être la vertu qui conduit les peuples à ce qu'il y a de plus grand, en suivant la pente de tous les cœurs* [48] *!*

Confucius ajouta encore :

— La Piété Filiale du prince à servir ses parents, produit une Piété Filiale qui se signale aisément envers sa personne ; les soins qu'il rend à ses frères produisent une amitié et des déférences fraternelles qui se signalent aisément envers les gens en place ; le bon ordre et la paix qui règnent dans son domestique, produisent une sagesse d'administration qui se signale aisément dans les affaires publiques[49]. Plus il travaille heureusement à cultiver et à perfectionner l'intérieur de son auguste famille, plus il réussit à se faire un nom chez tous les siècles à venir.

— Je le comprends maintenant, répondit *Tcheng-tzeu*, un fils bien né doit essentiellement aimer et chérir, respecter et honorer, contenter et rendre heureux, illustrer et immortaliser les parents ; mais j'ose demander encore, si un fils qui obéit aux volontés de son père remplit par-là tous les devoirs de la Piété Filiale [50] ?

— Que me demandez-vous ? répondit Confucius. L'empereur avait anciennement sept sages pour censeurs, et quoiqu'il donnât dans de grands excès, il ne les poussait pas jusqu'à perdre l'empire. Un prince avait cinq sages pour le reprendre, et quoiqu'il donnât dans de grands excès, il ne les poussait pas jusqu'à perdre ses États. Un grand de l'empire avait trois sages pour le reprendre, et quoiqu'il donnât dans de grands excès, il ne les poussait pas jusqu'à perdre sa maison.

Un lettré avait un ami pour le reprendre, et il n'en venait jamais jusqu'à déshonorer son nom [51]. Un père avait son fils pour le reprendre, et il ne s'égarait jamais jusqu'à tomber dans le désordre. Dès qu'une chose est censée mauvaise, un fils ne peut pas plus se dispenser d'en reprendre son père [52] qu'un sujet son souverain : or, dès qu'un fils doit reprendre son père quand il fait mal, comment remplirait-il les devoirs de la Piété Filiale, en se bornant à obéir aux volontés de son père ?

Confucius ajouta ensuite :

— Les plus sages empereurs de l'antiquité servaient leur père avec une vraie Piété Filiale [53] ; voilà pourquoi ils servaient le *Tien* avec tant d'intelligence : ils servaient leur mère avec une vraie Piété Filiale ; voilà pourquoi ils servaient le *Ti* avec tant de religion : ils étaient pleins de condescendance pour les vieux et pour les jeunes ; voilà pourquoi ils gouvernaient si heureusement les supérieurs et les inférieurs. Le *Tien* et le *Ti* étant servis avec intelligence et avec religion, l'esprit intelligent se manifestait. L'empereur lui-même a des supérieurs à qui il doit des respects, c'est-à-dire, son père, des anciens, c'est-à-dire, ses aînés[54]. Son respect éclate dans le *Tsong-miao*, afin qu'on voie qu'il n'oublie pas ses parents. Il cultive la vertu, il s'applique à sa perfection, afin de ne pas déshonorer ses ancêtres[55]. Il fait éclater son respect dans le *Tsongmiao* : les âmes et les esprits viennent s'en réjouir. Quand la Piété Filiale et l'amour fraternel sont parfaits, on entre en commerce avec l'Esprit intelligent, et la gloire dont on se couvre, remplit les régions immenses et éloignées qu'environnent les quatre mers. Il est dit dans le *Chi-king* :

De l'orient à l'occident, du nord au midi, tout plie devant ses pensées.

Le sage sert son souverain : il ne porte au Palais que des pensées de fidélité, il n'en remporte que des projets pour réparer les fautes, donner carrière aux vertus et arrêter les progrès du vice. Voilà ce qui le met en faveur. Il est dit dans le *Chi-king* :

O qui pourrait raconter les sentiments de sa tendresse ! Quoique éloigné du prince, il s'en rapproche sans cesse par mille tendres souvenirs. Comment pourrait-il oublier ses intérêts ?

Confucius finit en disant :

— Un fils qui fait les funérailles de ses parents, n'a pas la force de pousser des soupirs ; il fait les cérémonies avec un visage pétrifié de douleur ; les paroles qui sortent de sa bouche n'ont ni élégance, ni suite ; ses vêtements sont grossiers et en désordre sur lui ; la musique la plus touchante n'effleure pas son cœur ; les mets les plus exquis n'ont ni goût ni faveur pour son palais, tant est grande et extrême la désolation qui absorbe toute son âme. Il prend quelque nourriture au troisième jour, parce que tous les peuples savent qu'il ne faut pas attenter sur sa vie, et que si on peut s'abandonner à sa douleur jusqu'à maigrir, il serait horrible de s'y livrer jusqu'à mourir soi-même[56], en pleurant un mort. Les saints sont sagement réglés : le deuil ne dure que trois années, parce qu'il faut une décision commune pour les peuples, et qu'il doit avoir un terme.

Je n'ai rien de particulier à vous dire sur les cérémonies funèbres, ajouta Confucius, vous les savez. On prépare une bière et un cercueil ; une robe et des habits ; on élève le cadavre sur une estrade, et on range devant, des vases ronds et carrés ; on se lamente et on se désole, on se meurtrit le sein et on s'agite, on pleure et on soupire. On accompagne le convoi, en s'abandonnant à toute sa douleur, et on choisit avec soin le lieu de la sépulture ; on met le cadavre avec respect dans son tombeau, et on élève un *miao* pour *hiang* son âme, on fait des *tsi* au printemps et en automne, et on conserve chèrement le souvenir des morts auxquels on rougirait de ne pas penser souvent.

Conclusion. Honorer et aimer ses parents pendant leur vie, les pleurer et les regretter après leur mort, est le grand accomplissement des lois fondamentales de la société humaine. Qui a rempli envers eux toute justice pendant leur vie et après leur mort, a fourni en entier la grande carrière de la Piété Filiale.

NOTES

NOTICE DU TRADUCTEUR

1. Mémoires concernant l'histoire, les sciences, les arts, les mœurs, les usages, &c. des Chinois, par les missionnaires de Pé-kin, tome quatrième.

HIAO KING

1. *Tcheng-tzeu* est un des plus illustres disciples de Confucius. C'est à lui que l'on doit le *Ta-hio* ou *la Grande science*, le premier des livres classiques et celui peut-être où le génie de Confucius brille avec plus d'éclat de toute sa sagesse (On l'a imprimé dans le tome premier de ces Mémoires).
2. Ces anciens monarques sont *Yao, Chan, Yu*, dont il est tant parlé dans le *Chou-king*, dans le *Lun-yu*, etc. Ces princes furent des sages, des grands hommes et des bienfaiteurs de leurs sujets ; leur vertu était égale à leur sagesse. (Ou nous nous trompons bien, ou quiconque lira avec attention les premiers chapitres du *Chou-king* et les détails où entre *Mong-tzeu*, se rangera de l'avis de ceux qui les regardent comme les premiers chefs de la colonie qui vint en Chine lors de la première dispersion des peuples, et comme les vrais fondateurs de l'empire chinois. Toutes les autres preuves d'autorité à part, l'état où ils trouvèrent la partie de la Chine qu'ils habitèrent et défrichèrent, anéantit toutes les belles choses qu'on débite sur les prétendus règnes de *Hoang-ti, Chao-hao*, etc.).
3. La Piété Filiale est la racine de toute vertu, non seulement parce qu'elle est la première qui germe, éclot et s'épanouit, mais encore et principalement parce que, soit qu'on la regarde comme inspirée par la chair et le sang, ou comme commandée par la raison et prescrite par la loi, elle tient à tout notre être et s'étend sur toute notre vie, nous mène par elle-même à toutes

les autres vertus et nous éloigne de tout vice, nous montre dans notre cœur ce que les autres hommes sont pour nous et ce que nous devons être pour eux. Elle est la source de tout enseignement, parce que comme on en connaît les devoirs par une conviction identifiée avec le sentiment qu'on a de son existence, avec l'amour qu'on se porte à soi-même et avec l'idée qu'on a de son excellence ; c'est par cette conviction primitive que la morale et la philosophie nous mènent à la connaissance des vertus différentes dont la pratique nous obtient du *Tien*, des autres hommes et de toutes les créatures, ce qui peut assurer notre bonheur.

4. Un vase appartient moins au potier qui l'a fait, un livre à celui qui l'a écrit, un arbre à celui qui l'a planté, qu'un enfant à ses parents. Outre en effet qu'il leur a coûté des soins plus longs et plus pénibles, il est une partie d'eux-mêmes, une portion de leur substance ; le sang qui circule dans les veines est le leur. Voilà pourquoi conserver son corps est le commencement de la Piété Filiale.

5. Confucius cite le *Chi-king* pour faire voir que sa doctrine sur la Piété Filiale est celle de l'antiquité. Autant les philosophes contemporains de ce sage et ceux qui vinrent après lui se piquaient d'être les créateurs et inventeurs de leur doctrine, et d'enseigner aux hommes des choses nouvelles, autant il affectait de ne se donner que pour le disciple et l'écho des premiers sages. Il avait même l'attention de le prouver d'une manière nette et précise qui fermait la bouche à ses adversaires. La vérité tire sans doute toute sa force de sa propre lumière, et Confucius eût-il été l'inventeur de la doctrine qu'il enseignait, dès qu'elle était vraie, utile et bienfaisante, peu importait, ce semble, qu'elle fût ancienne ou nouvelle.

Ce sage avait raison de penser différemment, non seulement parce que le poids des témoignages est une grande recommandation pour la multitude, mais encore parce qu'il était essentiel de faire voir que sa doctrine découlait de la nature de l'homme, avait toujours été regardée comme le point d'appui de toutes les lois sociales, et était l'explication claire et unique des grandes choses qu'avaient faites les anciens.

6. Nos annales en font foi. Les Barbares qui nous environnent depuis la pointe occidentale de la Grande muraille jusqu'à la

mer du Midi, ont résisté dans tous les temps aux armes victorieuses des plus grands empereurs, ou n'ont fait que plier pour peu d'années. On venait à bout de mettre leurs armées en fuite, de conquérir leurs pays, de dissiper leurs peuplades, ou de les contenir, mais jamais de les soumettre. Plus on avait remporté d'avantages sur eux, plus ils devenaient indomptables et furieux. Quand au contraire l'innocence, la douceur et la beauté de nos mœurs publiques étonnaient leur barbarie et les charmaient, on les voyait venir d'eux-mêmes rendre hommage à l'empereur, lui offrir leurs tributs sauvages, et le prendre pour juge de leurs différents. La gloire ne fait que des blessures, la vertu seule triomphe des préjugés, gagne et attache les cœurs. Plus une nation est barbare, plus elle doit être touchée de voir qu'un citoyen trouve parmi ses concitoyens des sentiments et des soins que les pères et mères ne trouvent pas toujours chez elle auprès de leurs propres enfants.

7. Dans le temps que Confucius composa son *Hiao-king*, l'ancien gouvernement subsistait encore. L'empereur ne gouvernait immédiatement par lui-même que le *Ki-tcheou*. Tout le reste de l'empire était divisé en royaumes et grands fiefs qui avaient leurs princes particuliers. Tous ces princes dépendaient de l'empereur comme de leur souverain et seigneur suprême à qui ils devaient foi, tribut et hommage, au tribunal duquel ils étaient cités et jugés, à la protection duquel ils recouraient, et de qui ils recevaient ou le titre ou l'investiture de leurs principautés et domaines. À cela près, ils étaient souverains dans leurs petits États, nommaient à presque toutes les charges, gouvernaient par eux-mêmes et publiaient telles lois qu'ils voulaient, pourvu qu'elles ne fussent ni tyranniques ni contraires aux lois générales de tout l'empire. Ce n'est que par les événements racontés dans le *Tchun-tsieou* et dans les Annales, qu'on peut bien sentir la sagesse, la solidité et la profondeur des maximes : *Si celui qui est*, etc..

8. Comme la Piété Filiale était l'âme du gouvernement de l'antiquité, on avait pris le parti de graduer les honneurs qu'on rendait aux morts dans les familles, pour en faire une distinction qui allât toujours en montant depuis le simple citoyen jusqu'à l'empereur. On faisait refluer sur le père, le grand-père et l'aïeul la gloire et l'élévation d'un grand, en lui permettant de

leur élever une salle et d'y faire des cérémonies proportionnées à son rang. S'il mourait dans le lit d'honneur, cette salle restait à la famille, et était à jamais pour elle un monument de gloire, quoique ses descendants ne pussent y faire que les cérémonies du rang qu'ils avaient dans l'État. Mais s'il était déposé honteusement, il était rare qu'on ne l'obligeât pas à abattre la salle de ses ancêtres, ce qui devenait une flétrissure et une désolation encore plus accablante que la perte de ses dignités.

9. Nous avons ici plusieurs observations à faire :

1° Il ne faut qu'ouvrir les livres de Confucius, de *Tcheng-tzeu*, de *Mong-tzeu*, etc. pour observer qu'ils citent des textes des *King*, tantôt en garantie d'un fait, tantôt en preuve d'un point de doctrine, tantôt en décision d'un article de morale, etc.

2° Les autres *King* sont cités en plusieurs manières dans le *Li ki*, et le *Chou-king* se cite aussi lui-même.

3° Les textes et passages des *King* sont cités ordinairement dans leur sens *obvie* et littéral ; mais ils sont cités aussi dans un sens allégorique et figuré.

4° Toute citation des *King* paraît être donnée pour un témoignage irrécusable, pour une preuve invincible et pour une décision *ultime* et irréfragable.

5° Il est d'usage d'adoucir par l'interprétation, les textes dont le sens littéral serait trop nu, ce qui a lieu non seulement pour les sentences et maximes de morale, mais encore pour celles qui ont trait au penchant d'un sexe pour l'autre ; et quoiqu'il y ait dans le *Chi-king* nombre de chansons dont le sens obvie est très galant, Confucius a enseigné qu'il n'y avait rien qui pût alarmer la pudeur.

6° On trouve partout que les *King* contiennent la grande doctrine, la doctrine de tous les temps, et que le Saint seul peut les avoir écrits.

10. Dans l'antiquité comme aujourd'hui on montait de toutes les conditions dans la sphère des lettres, plus ou moins haut, selon qu'on avait plus ou moins de talent et de science, et de là aux charges, emplois et dignités du gouvernement. Plus un lettré s'est élevé au-dessus de son père, plus il est à craindre qu'il ne perde de vue insensiblement combien il reste toujours au-dessous de lui par sa qualité de fils. Il n'y a que l'amour et le respect qui puissent le sauver d'un si horrible égarement. Qui

aime en effet et respecte de cœur son père, voit toujours en lui la prééminence sacrée de la paternité, et se fait un plaisir de lui prouver en tous ses procédés, l'obéissance affectueuse d'un fils respectueux.

11. Les anciens disaient :

    « Ce n'est pas pour jouir des honneurs et des richesses attachées aux dignités qu'un fils entre dans la carrière des emplois du gouvernement, c'est pour consoler la tendresse de ses parents, les acquitter envers la patrie, et leur rendre la vie plus douce.

    Or qui a cela en vue, sera fidèle à son prince et soumis à ses supérieurs. Plus même il est occupé de ses parents, plus il s'observe et mesure toutes ses démarches.

12. On avait des revenus sur l'État, dans l'antiquité, dès qu'on était monté au grade de docteur ; mais on n'entrait en charge qu'à son rang, encore fallait-il le choix exprès du prince ou de l'empereur. Tous ceux qui étaient en charge avaient droit de faire avec plus de pompe et de solennité les cérémonies à leurs ancêtres.

13. Ces paroles du *Siao-ya* peignent merveilleusement les pensées et la doctrine de l'antiquité. On aurait accusé Confucius d'exagération, s'il avait pris sur son compte cette belle maxime. Voile pourquoi il a affecté de la tirer du *Chi-king*, encore a-t-il eu l'attention de ne l'appliquer qu'à ceux qui faisaient une profession ouverte d'étudier et de suivre la morale des anciens âges.

14. Depuis le commencement de la monarchie jusqu'à la grande et fatale révolution de *Tsin-chi-hoang*, quoiqu'on distinguât quatre ordres de citoyens : 1° ceux qui étaient en charge, ou en passe d'y entrer ; 2° les cultivateurs ; 3° les artisans ; 4° les marchands, *ché, nong, kong, chang*, l'ordre des laboureurs formait tellement le gros de la Nation, que tous les autres n'en faisaient qu'une très petite partie. Comme en effet aucune usurpation n'avait encore ni entamé, ni brouillé les premières lois sociales, qui n'étaient au fonds qu'un développement de la police domestique d'une nombreuse famille, on en était presque dans les termes d'un gouvernement paternel.

15. Nous avions traduit autrefois : *La Piété Filiale est la loi immuable du* Tien, *la justice de la terre et la mesure*, etc. Mais quelque vraie que nous paraisse encore cette traduction, qui d'ailleurs est

fondée sur les gloses et explications de plusieurs anciens commentateurs, comme elle porte le sens du texte bien plus haut, et qu'à cette considération il faut ménager les préjugés de l'Occident, nous avons mieux aimé nous en tenir à l'explication la plus commune.

16. Ces paroles de Confucius ont trait à l'état auquel les dépenses, les débauches et les cruautés de l'infâme *Tcheou* avaient réduit l'empire, et à ce que firent *Ou-ouang*, *Tching-ouang* et le prince *Tcheou-kong*, pour faire rentrer les peuples dans le devoir. Plus les désordres qui avaient prévalu sous la dynastie précédente avaient perverti les provinces, plus on sentit vivement que l'innocence et la bonté des mœurs, sont la première source de la concorde, de la subordination et de la tranquillité publique. Mais comment ressusciter cette innocence et cette bonté de mœurs parmi des hommes corrompus et gangrenés de vices ? L'antiquité l'apprit à *Ou-ouang*, à son fils et à son frère. La Piété Filiale ayant conquis les cœurs à la vertu dans les siècles précédents, elle pouvait les reconquérir, et rendre à l'empire les beaux jours qu'elle lui avait procurés pendant tant de siècles. Ils donnèrent en conséquence tous leurs soins à enseigner et à développer, à accréditer et à consacrer la grande doctrine de la Piété Filiale. Comme la décadence de l'autorité publique et celle des mœurs faisaient craindre à Confucius tous les maux qui arrivèrent en effet, il profita de son sujet pour insinuer aux princes de son temps comment ils pouvaient s'y prendre, à l'exemple des fondateurs de la dynastie régnante, pour rendre à l'empire affligé son ancienne splendeur. La sagesse de ce grand homme brille ici de toute sa lumière ;

1° En ce que, sans entrer dans aucune discussion, il pulvérise les systèmes, ou plutôt les rêves politiques qui mettaient alors les hommes d'État et les philosophes aux prises les uns avec les autres, et égaraient l'attention nonchalante des princes dans un labyrinthe de problèmes et de questions interminables sur la législation, la discipline militaire, la population, l'agriculture, l'équilibre des conditions, le commerce intérieur et étranger, les arts de besoin et les arts de goût, les balancements de crédit et de discrédit, les hauts et les bas des consommations, etc.

2° En ce que, ne faisant qu'insinuer d'après les *King* et les Annales un fait connu, il évitait le nom odieux de réformateur, disposait les princes à écouter, par les louanges qu'il donnait à leurs ancêtres, et par les vérités sensibles qu'il leur montrait.

3° En ce que, ce qu'il proposait étant à la portée et au profit de tout le monde, il persuadait aisément la multitude, donnait du courage aux gens de bien, gagnait les pères et mères, réveillait le zèle des bons citoyens, et imposait silence aux mauvais esprits et aux discoureurs.

4° En ce que, réveillant l'attention publique sur la décadence de la Piété Filiale, il flétrissait les abus les plus accrédités, vengeait l'honneur des lois, censurait les négligences du gouvernement sans qu'on pût lui en faire un crime, et commençait par là même la révolution qu'il faisait désirer. Si ce sage n'avait pas été si violenté par les circonstances où il se trouvait, son dialogue sur la Piété Filiale eût été certainement plus méthodique, plus plein et plus fini ; mais il n'aurait peut-être pas si bien fait voir les ressources étonnantes de son puissant génie.

17. Les législateurs ont tous commencé depuis par faire des lois, et ont prétendu en assurer l'observation par la terreur des supplices. Pourquoi les fondateurs de la dynastie des *Tcheou* tinrent-ils une autre conduite ?

« C'est, dit *Hiu-tchi*, que ce n'était pas l'affermissement de leur puissance et l'agrandissement de leur maison que ces bons princes avaient le plus à cœur, mais le vrai bien et le bonheur de leurs nouveaux sujets. Ainsi que le *Chang-ti* le leur avait prescrit en leur donnant l'empire, comme il est rapporté dans le *Chou king*.

En effet, les lois n'étant qu'une coaction extérieure, leur manutention n'ayant prise que sur ce qui perce dans le public, et leur rigueur n'étant qu'un palliatif passager, quelque sages qu'ils eussent pu les faire, elles n'auraient servi qu'à faire plier les peuples et non à les rendre meilleurs. Au lieu qu'en enseignant d'abord les devoirs des enfants envers leurs père et mère,

1° tout le monde ne pouvait qu'applaudir à un soin dont on sentait la nécessité, l'importance et l'utilité ;

2° les princes acquéraient pour le bien public toute l'autorité qu'ils faisaient recouvrer aux parents, et tous les égards qu'ils leur obtenaient ;

3° ils attaquaient tous les abus dans leur principe, et se

donnaient toutes les avances de la Piété Filiale pour la pratique des autres vertus ;

4° ils commençaient par ce qui était tout à la fois et le plus essentiel et le plus facile ;

5° ils préparaient les plus grands changements sans aucun appareil de réforme ni d'innovation, parce que c'était dans les cœurs et dans le secret des familles que la doctrine de la Piété Filiale devait d'abord opérer. Or, elle devait prendre d'autant plus aisément que tout le monde était dans un état violent pour s'en être éloigné, et qu'elle remettait chacun, pour ainsi dire, dans le niveau et l'équilibre de la nature. Aussi fit-elle des progrès rapides dans tous les ordres de l'État. C'était le moment de montrer l'excellence, les douceurs et les avantages de l'amour fraternel.

Comme la Piété avait déjà commencé à en développer les sentiments et à en accréditer les devoirs, tous les cœurs en reçurent l'enseignement, comme une terre nouvellement labourée reçoit la pluie du printemps ; et cet enseignement conduisit sans peine les cœurs à tous les égards, à toutes les déférences et à toutes les attentions qui sont le charme de la société. Il ne fallait qu'étendre aux étrangers ce qu'on était accoutumé de faire dans le sein de sa famille.

Le cérémonial et la musique, c'est-à-dire, l'étiquette qui fixait tous les rangs, et les fêtes publiques qui en montraient l'harmonie, achevèrent la révolution, et y apposèrent comme le sceau de l'aveu public de tout l'empire...

La politique des *Tcheou* avait trois choses en vue dans les ordonnances de l'étiquette :

1° de graduer dans une proportion assortie, mais toute légale, les prééminences extérieures par où on descendait de l'empereur jusqu'au dernier citoyen ;

2° d'articuler avec précision ce que chacun devait à ses supérieurs, ses égaux et ses inférieurs, de façon qu'on ne pût ni leur manquer, en omettant quelque chose ni s'avilir en faisant plus qu'on ne devait ;

3° de ne former de tout l'empire qu'une seule famille par l'uniformité qui régnerait dans tout ce qui fait les mœurs politiques, civiles et domestiques d'une nation.... Les fêtes publiques, soit religieuses, soit de cour, soit civiles, etc. légalisaient pour ainsi dire, publiaient et consacraient tout ce que l'étiquette avait de plus essentiel, parce qu'elles en faisaient un spectacle pour le public...

C'était le moment alors de publier des lois qui n'étant, pour ainsi dire, que la narration, la peinture de ce que tout le monde faisait, ne pouvaient plus trouver aucun obstacle. Bien plus, autant chacun sentait par sa propre expérience les avantages infinis de la révolution qui s'était faite, autant il devait être charmé qu'on travaillât à la maintenir par l'appât des récompenses et par la crainte des châtiments...

« Que d'art ! Que d'habileté ! Que de sagesse ! s'écrie *Tcheng-tzeu*, dans ce tableau historique que présente ici Confucius ; de ce qu'avaient fait les fondateurs de la dynastie des *Tcheou*, pour réformer les mœurs publiques. Que de choses il y enseignait aux princes de son temps, s'ils avaient su les entendre et les mettre en pratique !

La Piété Filiale n'est pas l'ouvrage ni de l'éducation, ni de l'enseignement, ni des réflexions ; le *Tien* l'a mise dans le cœur de l'homme qui en possède toutes les pensées et tous les sentiments en naissant. Il ne faut que les aider à se développer ; et comme la Piété Filiale tend par elle-même à la vertu et à l'innocence, c'est par elle qu'il faut tirer les peuples de leurs désordres et les faire rentrer dans le devoir.

18. Il faut considérer ici ce que Confucius raconte d'après l'histoire, et ce qu'il prétend prouver par-là, ce qu'il articule et ce qu'il ne fait qu'insinuer ; sans cela, on ne saurait bien entrer dans le sens du texte.

1° Il raconte deux faits consignés dans les Annales : le premier, que les empereurs du temps dont il parle n'auraient osé manquer à la moindre étiquette vis-à-vis de l'envoyé du plus petit prince, soit à sa réception, soit à ses audiences ; le second, que quand ils faisaient les cérémonies annuelles dans la salle de leurs ancêtres, les princes de l'empire venaient en foule en augmenter la pompe et la solennité par leur présence.

2° Confucius a dit plus haut, en parlant de la Piété Filiale de l'empereur :

« Qui honore ses parents, n'oserait mépriser qui que ce soit.

Il prouve ici cette maxime par les faits notoires des fondateurs de la dynastie ; puis, pour marquer sa liaison avec la Piété

Filiale, il fait observer que tous les princes dont on honorait les députés, concouraient à l'envi à la pompe des cérémonies aux ancêtres.

3° Il articule très nettement que les grands empereurs ne réussissaient à gouverner les peuples par la Piété Filiale, que parce qu'ils étaient les premiers à en remplir les devoirs, non seulement comme fils, frères, parents, etc.., mais encore comme chefs de tous les princes. Pour faire sentir d'un autre côté combien la Piété Filiale, ainsi étendue, devait faciliter le gouvernement de l'empire, il montre que par cela même, qu'elle empêchait les empereurs de manquer au plus petit envoyé, elle les mettait en garde, à plus forte raison, contre ce qui aurait pu offenser les princes, et leur faisait tenir une conduite pleine de réserve, qui devait assurer le succès de leurs soins dans le gouvernement de l'empire.

4° Il insinue à l'empereur de son temps que si son autorité va toujours en s'affaiblissant, c'est qu'il s'écarte dans son gouvernement des maximes de Piété Filiale, qui avaient porté si haut celle de ses prédécesseurs, et que ce n'est qu'en revenant à ces maximes qu'il peut la rétablir ; c'est-à-dire, que bien loin de disputer aux princes qui viennent à sa cour les honneurs qui leur sont dus (ce qui l'avilit) il doit affecter de traiter avec honneur les députés de ceux qui lui manquent. Ce n'est pas tout, en rappelant la pompe des anciennes cérémonies aux ancêtres, il fait comme toucher au doigt par le contraste du peu qui en restait, que toutes les intrigues, les ruses, les traités, les ligues et les manèges politiques qu'on avait voulu substituer à la Piété Filiale, n'avaient servi qu'à augmenter l'esprit d'indépendance, et à éloigner de la cour les grands vassaux de la couronne, qui se faisaient autrefois une fête et un honneur d'y venir. Ces quatre remarques ont également lieu pour ce qui suit, dans le sens qui y convient.

19. Il y a ici trois choses à observer :

    1° le fait du bonheur général de tout l'empire, fait certain et indubitable, puisqu'on le voit attesté par les monuments les plus authentiques, par la tradition constante et universelle de tous les fidèles, et par le témoignage de tous les écrivains postérieurs qui n'en parlent qu'avec attendrissement ;

    2° qu'il faut entendre par *paix profonde*, que tous les peuples tributaires étaient soumis, toutes les nations barbares de l'orient et de l'occident, du nord et du midi retirées chez elles et tranquilles ; par *fléaux* et *calamités*, qu'il n'y avait alors ni famine, ni peste, ni tremblement de terre, etc.. par *désordres et révolution*, que les mœurs publiques et privées étaient si bien réglées, qu'aucun vice ne perçait assez au dehors pour faire un scandale dangereux, et les princes de l'empire si unis entre eux et si soumis à l'empereur, que le plus hardi séditieux n'aurait pu causer de révolte ;

3° que cette félicité publique est attribuée à la Piété Filiale, comme en étant la première source et l'aliment.

20. Cette promesse de Confucius n'était-elle pas hasardée, au moins pour son temps ? Non.

1° Les circonstances étaient encore plus fâcheuses lors de la fondation de la dynastie, puisqu'on était dans la crise d'une révolution précédée et causée par le renversement de toutes les lois.

2° Presque tous les princes étaient parents ou alliés, ou créatures de la famille impériale ; leur intérêt les conduisait naturellement à entrer dans les vues de la Piété Filiale d'un empereur.

3° Soit que la Piété Filiale soit spécialement favorisée du *Tien*, soit qu'elle empêche les crimes qui attirent les fléaux et les calamités, il est indubitable que la faire fleurir, c'eût été les détourner.

4° La moisson n'est pas toujours également abondante ; mais qui sème du riz blanc, ne recueille pas du blé sarrasin.

21. Le caractère *Pei* est composé,

1° de l'image de *vase à mettre du vin* ;

2° de celle de *cachet*, ou de celle d'*homme*, ou du symbole *soi-même*. Les savants prétendent que ces trois manières sont toutes également anciennes. L'orthographe d'aujourd'hui l'écrit avec l'image *vase à mettre du vin* et le symbole de *soi-même*. Le caractère est du nombre de ceux qu'on nomme, *Ki-ouen*, c'est-à-dire, qui font tableau, datent de la plus haute antiquité, et en expriment la croyance, les traditions, les usages, etc. On trouve dans les dictionnaires que *pei* signifie être *mis vis-à-vis, union, faire compagnie, assortir, couleur de vin*, etc. Les divers commentaires que nous avons sous les yeux sont fort embarrassés pour déterminer quelle est ici sa vraie signification. Selon les uns, il signifie mettre sur l'autel des sacrifices, une tablette où était écrit le nom du père ou de l'aïeul, pour être comme le chef du sacrifice ; selon d'autres, prier le *Tien* par le nom ou au nom de son père, à-peu-près comme Jacob, *Deus patris mei Abraham, Deus patris mei Isaac.* Gen., 32. v. 9 ; selon ceux-ci, honorer son père avec le *Tien*, comme étant déjà dans le Ciel, ainsi qu'il est dit de *Ouen-ouang*, dans le *Chi-king* ; selon ceux-là, reconnaître qu'on offre le même sacrifice que son père et avec les mêmes espérances ; selon d'autres, quand l'empereur allait visiter un de ses sujets, c'était le père de celui-ci qui recevait la visite et faisait compagnie au prince, le fils lui en cédant l'honneur par respect, comme il est marqué dans le *Li ki* qui se sert du mot *pei* : or, disent-ils, il en était de même dans les sacrifices.

Un fils n'osait pas y parler au *Tien* son nom, et priait l'âme de son père de lui offrir et faire agréer ses vœux ; et pour donner plus de vraisemblance à leurs explications, ils observent qu'on n'osait *pei* dans les sacrifices que ceux qui s'étaient distingués par leur vertu. Voyez en particulier le grand commentaire *Hiao-king-tchou-lieou*, imprimé au Palais, en 1739, liv. 5, où l'auteur finit par dire,

« qu'on ne peut plus dire sûrement ce que c'était que *Pei* son père ou ses ancêtres, dans les sacrifices au *Tien*.

Nous pensons aussi comme lui ; mais nous croyons devoir ajouter que cette diversité d'opinions bien approfondie, prouve, comme tous les savants en conviennent, que la tradition n'a pas conservé la vraie intelligence des *King*, et qu'on n'a recours à toutes ces explications que pour concilier l'idée de *Pei* avec l'ancienne sentence *Tien-y, Eulh-ki, Kou-cho-tsai-tsi*. Tien *est unus, a se existit, ideo offeruntur illi sacrificia.* Mais il faudrait entrer dans trop de détails, pour mettre ce sujet au niveau de la plupart des lecteurs.

22. Il faut distinguer dans la Piété Filiale, l'ouvrage de la nature, l'ouvrage de l'éducation et l'ouvrage de la raison. Un enfant, sans autre guide que la pente de son cœur, sourit à son père et à sa mère, leur fait des caresses, leur rend leurs baisers, les cherche par ses regards, et les appelle par ses cris ; il leur cède volontiers ses jouets, il leur met à la bouche le morceau qu'il mange, il aime à rester entre leurs bras, il ne peut souffrir d'en être séparé, et se laisse apaiser et consoler par leurs paroles. Les

enfants de tous les pays sont les mêmes à cet égard, parce que la nature est la même. Selon que les soins de l'éducation cultivent avec plus d'attention les premiers sentiments des enfants, les étendent, les dirigent et les perfectionnent, ils deviennent plus marqués, plus forts, plus soutenus, plus expressifs et plus durables : Le grand effet de l'éducation est d'obliger ces sentiments à se manifester, selon les temps et les circonstances, de les fortifier surtout contre les petites passions du premier âge, et de leur assurer sur elles une continuelle victoire. La raison met le sceau à l'ouvrage de l'éducation, et perfectionne celui de la nature, en faisant une vertu réfléchie et méditée de ce qui n'était auparavant qu'habitude et instinct. Ses premières pensées sont frappées de voir que les autres hommes courbent la tête sous le sceptre de la Piété Filiale, qu'il ne lui est pas libre de ne pas y applaudir, ni de n'être pas indigné contre le petit nombre de ceux qui voudraient la fouler aux pieds. De réflexion en réflexion, elle vient à découvrir clairement la justice, la nécessité, la convenance et l'utilité des devoirs qu'elle impose ; elle les examine dans les détails, elle s'interroge sur chacun en particulier, elle distingue dans les lois ce qui regarde l'homme, ce qui est pour le citoyen, et plus elle y regarde de près, plus elle chérit l'empire de la Piété Filiale. Les fautes même qui échappent, la frappent autant par les remords et les repentirs dont elles sont suivies, que les plus douces impressions de respect et de tendresse par le plaisir dont elles remplissent le cœur. La science et la philosophie achèvent la persuasion. La Piété Filiale remplit alors toute la capacité de l'âme, et la domine pour toujours...

On a raisonné beaucoup depuis la dynastie des derniers Song sur le rang que tient la Piété Filiale entre les vertus de l'homme. En quel sens est-il vrai qu'elle est la plus excellente de toutes ? est-ce comme dérivant immédiatement de sa nature ? est-ce comme la première qui se montre en lui ? est-ce comme conduisant à toutes les autres ? est-ce comme ne pouvant être suppléée par aucune sorte de mérite, ni talent, ni bonnes qualités, et suppléant elle seule à tout ? est-ce comme conduisant à la religion et ne faisant qu'une avec elle ? est-ce comme la plus utile aux hommes, la plus nécessaire pour leur bonheur et la plus efficace pour le procurer ? est-ce comme tenant à toute la vie et en demandant tous les instants ? est-ce enfin comme celle qui élève le plus la nature humaine, et en développe mieux l'excellence et la dignité ? C'est tout cela à la fois, comme le donne à entendre Confucius. À force de subtiliser, les idées les plus palpables s'évaporent. Il ne s'agit pas de discourir sur la Piété Filiale, mais de la pratiquer, et à la honte des lettres et des lettrés ; on la pratiquait mieux lorsqu'on en raisonnait moins. Quels livres avait lus *Chun* lorsqu'il la portait jusqu'à l'héroïsme ? *Peyu* et *Ming-sun* étaient des enfants qui n'avaient lu que dans leur cœur, lorsqu'ils signalèrent la leur d'une façon si admirable.

23. Les deux *Tchin-tzeu*, *Tcheou-tzeu*, etc. ont cherché d'où vient qu'un père et une mère empruntaient le secours des menaces et des châtiments, pour l'éducation de leurs enfants.

« Dès qu'ils ne prétendent que lui faire connaître la vérité et aimer la vertu, pourquoi, disent-ils, ne lui pas continuer leurs caresses ?

Puis ils sont les premiers à avouer que, si l'on en excepte un très petit nombre d'enfants mieux nés, ces tristes expédients sont absolument nécessaires pour ne pas manquer l'éducation, et que quelque lumineuses que soient les vérités capitales qu'on enseigne à l'enfance, quelque attrayantes que soient les vertus qu'on propose à ses premiers efforts, cela ne suffit pas pour ce premier âge : mais le fait n'explique pas le pourquoi, et c'est ce qui les embarrasse. Ils disent bien que les passions naissantes d'un enfant ont besoin de ce frein pour être contenues ; qu'il faut que la crainte supplée à la raison qui n'a pas encore d'autorité sur elles, que d'ailleurs on exige d'un enfant nombre de choses qui ne sont que de convention entre les hommes, et qui pourraient être autrement sans être mal ; que les pères et mères laissent voir en eux des faibles et des défauts qui décréditent leur enseignement dans la petite imagination de leur fils ou de leur fille ; enfin qu'il est impossible de faire sentir à une raison naissante les motifs solides qu'on a ou de défendre ou de prescrire certaines choses ; mais tout cela ne fait qu'embarrasser la question au lieu de la résoudre, et ils sont réduits à se jeter à la fin dans celle de la bonté, ou de la corruption originelle de l'homme, c'est-à-dire, dans un océan qui n'a ni fonds ni rives.

Confucius a eu la sagesse d'éviter ces disputes, et s'en est tenu à parler de ce qui est pratiqué, usuel et reconnu pour indubitable. Le saint, dit-il, enseigne à changer les craintes de l'enfance en respect, et ses affections en amour. La crainte en effet n'est qu'un sentiment bas et servile qui courbe l'âme et la resserre ; les affections du cœur ne sont qu'une pente aveugle et volage qui l'entraîne et le subjugue. Quelque utiles qu'elles soient dans un enfant, il faut les faire repétrir par les mains de la sagesse, pour qu'elles soient dignes de l'homme en devenant des vertus : or, c'est là le grand objet des soins du saint. Il conserve le fond de la crainte dans tout ce qui tend à éloigner des fautes, à en inspirer le repentir, à en presser la réparation ; mais en même temps, il détourne l'attention de dessus les châtiments pour l'occuper toute entière de la prééminence de la supériorité et des droits de la paternité, afin de faire succéder le respect à la peur des punitions. Ce respect intime et sincère s'épure par les grands motifs qui l'ont fait naître, et se soutient par eux dans les occasions les plus critiques.

Le passage des affections à l'amour est encore plus facile, et achève celui de la crainte au respect. Il ne faut que montrer à l'homme qu'il n'est qu'une même chose en quelque sorte avec son père et sa mère, qu'il se doit tout entier à eux, et que leur tendresse surpassant encore leurs innombrables bienfaits, ce n'est qu'en les aimant de cœur qu'il peut s'acquitter envers eux.. Tout alors dans l'univers lui parle des auteurs de ses jours, et la capacité de son âme ne suffit plus pour contenir les sentiments de son amour. Il voudrait les communiquer à tout le monde, rien ne lui coûte, dès qu'il s'agit ou de leur témoigner son amour ou de leur procurer celui des autres. Un père et une mère s'attachent à leur enfant par la peine qu'il leur coûte, un fils s'attache encore plus tendrement à son père et à sa mère par les marques qu'il leur donne de la reconnaissance. L'affection de la nature passe des sens dans le cœur et dans l'âme, s'y spiritualise, s'y transforme en vertu et y attire toutes les autres. L'amour d'un sexe pour l'autre, malgré tous les transports, n'a jamais fait tant d'heureux que l'amour filial, ni tant de bons citoyens, de héros et de sages ; il a fait au contraire beaucoup de malheureux et de scélérats, et l'amour filial n'en a jamais fait aucun. *Lu-tchi* prétend que c'est parce que le premier ne croît que par des faiblesses, et le second par des vertus ; selon *Lieou-tchi*, c'est que celui-là trouve toujours des mécomptes, et que celui-ci n'en trouve jamais ; *Léang-eulh* pense que c'est à cause que l'on use la sensibilité du cœur en l'épuisant, au lieu que l'autre l'augmente sans cesse : tous les deux, dit *Lin-pé*, sont dans leur premier germe, un penchant que le *Tien* a mis dans l'homme, et qui tiennent d'aussi près à sa nature que sa raison ; mais outre que l'amour filial a les prémices de son cœur et de ses vertus, plus il est vif, délicat et généreux, plus il sort de la sphère des passions et entre dans celle des vertus ; au lieu que l'amour conjugal s'insinue dans l'âme par les sens, la courbe vers eux, et la livre tellement à leurs impressions que lors même qu'il est plus extrême, il se trouve aux prises avec les vices. *Ngnan-tchi* laisse à côté toutes ces questions plus puériles que philosophiques, et observe fort censément, à sa manière, que ce qui assure la supériorité d'excellence et de dignité à l'amour filial sur l'amour conjugal, c'est que plus il est parfait, plus il élargit le cœur et élève l'âme ; au lieu que celui-ci rétrécit l'un et abaisse l'autre au point d'attenter à la Piété Filiale même.

24. Les commentateurs ne disent que des mots sur ces paroles ; mais comment pourraient-ils les bien expliquer, puisqu'ils ne sauraient en entrevoir le sens sublime et ineffable ? Quelques-uns ont pris le parti de citer le texte de *Tao-té-king* :

« Le *Tao* est vie et unité, le premier a engendré le second, les deux ont produit le troisième, les trois ont fait toutes choses ;

c'est-à-dire, qu'ils ont tâché d'expliquer un texte qui les passe, par un autre où ils ne comprennent rien.

25. Un père est le souverain naturel de son fils, et le fils le sujet naturel de son père. Qu'on remonte par tel raisonnement qu'on voudra jusqu'à la première origine de la souveraineté ; si on veut en parler d'une manière plausible, raisonnable et satisfaisante, il faut la chercher dans les droits personnels et intimes d'un père sur son fils. L'homme comme homme ne peut dépendre d'un autre homme qu'autant qu'il lui doit d'être homme.

Le premier souverain fut un père qui régnait sur ses enfants, puis sur ses petits-fils et arrière-petit-fils, Après sa mort, la paternité, quoique divisée entre les enfants, porta à chacun les mêmes droits qu'à lui, parce qu'elle était la même, et ils régnèrent sur leur famille dont ils étaient les chefs. L'intérêt commun de ces familles demanda qu'un seul les gouvernât toutes ; leurs chefs le choisirent, comme on le voit dans le *Chou-king*, au sujet de *Chun* dont le mérite réunit tous les suffrages. Ce choix devenant ensuite difficile et dangereux, parce que plusieurs voulaient ou le briguer ou le forcer, on laissa le souverain pouvoir dans une famille, et il passa de génération en génération du père au fils. Mais comme le souverain pouvoir touchait à sa première origine, il n'avait lieu qu'à l'égard des choses communes pour lesquelles il avait été institué ; les chefs des familles en étaient les souverains immédiats pour tout ce qui ne regardait qu'elles. L'empereur, comme chef universel, allait faire la visite des districts, et veillait à ce qu'on y observât les lois dont on était convenu. Ces chefs, à leur tour, venaient à sa cour pour lui rendre compte de leur administration, lui porter des subsides pour les dépenses générales, et délibérer avec lui sur les affaires communes. Il ne faut qu'ouvrir le *Chou-king* et les Annales pour voir que telle a été l'origine du gouvernement féodal, qui a fait tant de siècles le bonheur des peuples. Riches sans possessions et sans domaines, ils cultivaient les terres comme à frais communs, s'occupaient des arts et faisaient le commerce, et en partageaient le profit en ce sens que l'État se chargeait des pauvres, et remédiait à tous les accidents avec les dîmes et impôts qu'il retirait et les corvées qu'il exigeait. L'empereur était comme l'aîné des princes, et partageaient avec eux le gouvernement de la grande famille de l'empire. *Ts'in-chi-hoang* profita de l'anéantissement des lois pour anéantir l'ancienne administration, et *Kao-tsou* de ses usurpations, pour établir la nouvelle qui est toute monarchique. L'autorité de l'empereur est une autorité absolue et universelle, afin qu'il soit plus en état d'environner les peuples de sa bienfaisance ; mais comme elle n'agit que d'après les lois et par les ministres publics à qui il en confie le dépôt, elle est d'autant plus douce qu'elle descend jusqu'au peuple par plus de degrés, d'autant plus efficace que l'action du premier mobile est communiquée avec plus de force et de promptitude, et d'autant plus utile enfin qu'embrassant tout l'empire, elle concilie mieux les intérêts de toutes les provinces et assure plus prochainement le bien commun. Le peuple des lettrés a eu besoin de bien des siècles pour concevoir que l'empire étant plus peuplé, plus riche, plus étendu, plus policé, plus rempli de grandes villes, et environné de voisins plus aguerris et plus entreprenants, il fallait d'autres ressorts pour faire agir l'autorité que lorsqu'il n'était composé que de peuplades de colons qui, épars çà et là dans les campagnes, avaient peu de communication les uns avec les autres, et se procuraient facilement par un travail médiocre tout ce qui était nécessaire à leurs besoins. Ces lettrés en revenaient toujours au gouvernement des trois premières dynasties qu'ils louaient très éloquemment, et à force de l'exalter tantôt sur un point, tantôt sur un autre, ils mirent les empereurs dans une vraie nécessité de s'en rapprocher le plus qu'ils pouvaient. On se moquait alors de leur bonhomie dans les hautes sphères de la politique et de la philosophie, on s'en est moqué jusqu'à la dynastie passée ; mais on leur a enfin rendu justice, et les sages conviennent que quelque outré et quelque enthousiaste que fût leur zèle patriotique pour le gouvernement des premiers âges, ce zèle eût moins obtenu, s'il eût été plus modéré, et qu'à y regarder de près, c'est à lui que l'on doit les limites qui ont circonscrit l'autorité souveraine, et l'ont contenue dans les bornes de sa première institution autant que cela était possible. L'empereur est un monarque tout puissant, mais qui n'use de sa puissance qu'en *père et mère des peuples* ; il touche aux règnes de *Yao* et de *Chun* par sa manière de régner.

26. Un fils est *la chair de la chair, les os des os de ses parents*, selon l'expression du *Li ki*, il est une portion de leur substance, c'est leur sang qui coule dans ses veines ; aussi les droits qu'ils ont sur lui sont immenses : droits qui dérivant de son existence même et tenant à tout son être, ne peuvent jamais ni s'éteindre ni s'affaiblir ; ils sont les premiers, les plus directs, les plus absolus et les plus sacrés qu'il puisse y avoir ; ils doivent donc nécessairement l'emporter sur tous les autres. Et comme ils ont été portés à leur comble par les soins que les parents ont donnés à son enfance, son éducation et à son établissement, il n'a rien qui ne leur appartienne et ne doive retourner à eux par sa Piété Filiale. Autant la qualité de citoyen et de sujet est postérieure à celle de fils, autant ses devoirs envers eux sont supérieurs à tous les autres. Les lois de l'État le reconnaissent, et ont si peu osé déroger à cet égard à celles de la nature, qu'elles lui sacrifient le bien public sans balancer, dans tout ce qui ne choque pas direc-

tement d'autres lois de la nature encore plus essentielles, à raison de leur universalité. Bien plus, elles les respectent jusqu'à détourner le glaive de la justice de dessus un fils digne de mort par les crimes, mais l'unique appui, l'unique ressource de la vieillesse de son père et de sa mère.

27. Confucius a dit plus haut :

« Qui aime ses parents, ne peut haïr personne ;
il revient ici à cette maxime fondamentale par celle-ci :
« Qui n'aime pas ses parents, ne peut aimer personne.

Les sages n'ont pas besoin qu'on leur montre la correspondance, ou plutôt l'identité de ces deux maximes ; mais il est essentiel d'insister pour le vulgaire sur la démonstration de la seconde, parce qu'elle tient à tous les principes de la morale. Or, cette démonstration se réduit à faire observer que l'amour filial étant le premier, le plus juste, le plus naturel, le plus sacré et le plus consolant de tous les amours, il est aussi inconcevable qu'on puisse aimer des étrangers et ne pas aimer un père et une mère, qu'il est inconcevable que la branche de l'arbre soit verdoyante et chargée de fruits, tandis que le tronc est aride, sec et sans vie.

Lu-tchi a bien eu raison de dire :

« Qui ose soutenir qu'on peut avoir un cœur tendre et généreux, une âme noble et généreuse sans aimer ses parents est un fou qu'il faut lier, ou un monstre qu'il faut étouffer.

Le gouvernement qui déroge en tant de choses aux principes de la morale, parce qu'il a plus d'égard à ce que font les hommes qu'à ce qu'ils peuvent ou doivent faire, le gouvernement qui a fermé les yeux tant de fois sur les défauts des gens en place et même sur leurs vices, en faveur de leurs talents, de leur expérience et de leurs services, le gouvernement, dis-je, n'a jamais osé ni dissimuler son aversion pour ceux qui n'aimaient pas et ne respectaient pas leurs parents, ni compter un jour sur leur fidélité ; il a tout risqué, tout sacrifié pour ne pas s'exposer à la noirceur de leur âme. Les Annales lui ont appris depuis bien des siècles que, qui est mauvais fils, ne saurait être ni bon citoyen ni sujet fidèle.

« C'est trahir le prince et la patrie, disait le célèbre *Ouei-tzeu*, que de confier la moindre autorité à qui n'aime pas son père et sa mère.

Il n'y a pas jusqu'aux faiseurs de romans et de pièces de théâtre qui, pour ne pas choquer la vraisemblance, ont toujours l'attention de donner une vraie Piété Filiale aux personnages à qui ils veulent faire faire de grandes choses, et d'en ôter tout sentiment à ceux qu'ils peignent d'abord en beau et qu'ils veulent conduire à une scélératesse consommée.

(La façon de penser des Chinois sur cette matière est telle, que dire d'un homme *Pou-hiao, il n'a pas de Piété Filiale*, c'est dire équivalemment qu'il est pétri de vices. En conséquence, première chose qu'on demande à quelqu'un qu'on veut connaître, c'est s'il a son père et sa mère, et comment il en use avec eux. Si un bâtard est ici le plus vil des hommes, ce n'est point à cause de la honte de sa naissance ; mais parce que n'ayant pas été dans le cas de connaître et de pratiquer la Piété Filiale, on ne le croit pas capable d'aucun sentiment, ni d'aucune vertu : aussi ceux qui sont dans ce cas, ne manquent jamais de se faire adopter par quelqu'un. Un Européen qui arrive ici, trouve fort singulier qu'on lui demande des nouvelles de son père et de sa mère, quel est leur âge, etc. Mais il ne faut pas y regarder de bien près pour voir que cet usage et bien d'autres semblables, tiennent aux idées générales des Chinois sur la Piété Filiale).

28. Confucius renverse ici les philosophes de son temps qui, pour se faire un nom par les attentats de leur génie, attaquaient tous les principes, frondaient la croyance générale, et se cantonnaient dans des systèmes pleins de mensonges et de subtilités. La manière dont il le fait doit servir de modèle à tous les siècles. Au lieu d'entamer des questions qui auraient porté au tribunal du public des discussions qu'il n'est pas capable de saisir, il coupe court à tout par cet axiome infaillible : *Tout ce qui brouille ou altère*, etc. les plus bornés en sentent la force et la vérité ; les plus éclairés ont peu de raisonnements à faire pour y trouver une réfutation complète de tous les sophismes qu'on met en œuvre pour les offusquer.

« Quand des esprits faux, audacieux et éloquents se donnent carrière sur certains sujets, dit *Kouang-leang*, c'est leur livrer le public que de le leur laisser prendre pour juge.

29. Voilà la manière dont Confucius réfutait tous les faux bruits, toutes les calomnies et toutes les imputations dont on le noircissait au loin. Sa manière de parler, d'agir, de se conduire, était

si vraie, si sage, si modérée, si vertueuse, qu'on ne résistait pas à l'impression qu'elle faisait. Il ne disait rien pour sa défense, et il était justifié. Ainsi en est-il des ouvrages qu'on fait pour défendre la vertu et la vérité : il ne faut que les peindre d'après elles-mêmes pour les faire reconnaître, et les faire reconnaître, pour les faire aimer. Tout ce que ce sage eût pu dire contre les détracteurs de la Piété Filiale, eut été moins victorieux et moins persuasif que le tableau qu'il fait d'un prince qui y excelle. Principes hardis, maximes éblouissantes, erreurs commodes, citations emphatiques, cabales, préventions, tout fuit et se dissipe à la vue de ce ravissant portrait, il faut se rendre et convenir que si on avait à choisir, on préférerait un prince qui fût tel qu'il le représente. Les pensées de l'homme dit peuple à cet égard sont les mêmes que celles des lettrés, le cœur le plus corrompu n'en a pas d'autres que les gens de bien, et un enfant, un barbare en sont aussi touchés que les sages : aussi voilà près de vingt siècles que ce portrait d'un bon prince éclaire tout le monde. Les erreurs et les fausses doctrines dont on a cherché tant de fois à l'obscurcir, sont tombées comme les feuilles d'automne ; il n'en reste plus de souvenir.

30. Voilà la progression naturelle des impressions que fait la vertu d'un prince sur le cœur de ses sujets. On commence par le respecter. Ce n'est plus le souverain pouvoir et l'éclat du trône qui fixent les regards du peuple sur lui, c'est la beauté de son âme. Tous les yeux s'essaient pour ainsi dire sur elle, pour s'assurer qu'ils ne sont point trompés par de fausses apparences ; chacun raconte ce qu'il a découvert ; il se forme peu à peu un cri général de tous les discours secrets, et l'admiration ne tarit plus, ni la joie, ni les espérances du public. La nouvelle d'une bataille gagnée fait plus de fracas, mais elle attire moins de respect, de vénération à un prince, que celle d'une victoire qu'il a remportée sur lui-même. Les grands en triomphent, toute la cour est occupée à en particulariser les plus petits détails ; les vieillards se la font raconter, et la répètent ensuite à leurs enfants avec autant d'intérêt que si toute la gloire leur en revenait. On en vient ensuite à remarquer et à lui tenir compte des plus petites choses.

« Un mot, un sourire, un regard deviennent de grandes nouvelles, pour peu qu'ils tiennent à quelque vertu, dit *Ouang-*

yuen, tous les esprits s'en remplissent, et jusque dans les cabanes on en parle pour le louer.

Les peuples aiment naturellement leur souverain, mais quand ils le voient s'occuper sans relâche des soins du gouvernement, n'y chercher que leurs intérêts, compatir à leurs maux, exiger moins de ses officiers que de lui-même, punir avec peine, pardonner avec joie, se faire justice sur les défauts, et surtout être bon fils, bon époux, bon père, bon frère, bon parent et bon ami, tous les cœurs le tournent vers lui, se donnent à lui. Or, cette universalité de respect et d'amour, est une impulsion générale vers la réforme des mœurs ; les plus lâches trouvent facile ce que le prince fait, et aspirent à l'imiter. Le paysan, au fond de son village, ne se pardonnerait pas de parler grossièrement à son père et à sa mère, tandis qu'il fait que le prince descend de son trône pour se prosterner devant l'impératrice sa mère. Les enfants apprennent leurs devoirs dans les exemples de leurs parents, et la nouvelle génération qui se forme est toute acquise à la vertu.

31. La Piété Filiale est une vertu du cœur, mais elle ne s'y renferme pas. Semblable au feu qui répand sa chaleur et sa lumière sur tout ce qui l'environne, elle perce au-dehors dans le maintien, dans les paroles, dans les actions et dans toute la conduite : elle y fait éclater sans cesse un respect et un amour sans bornes. On peut se parer jusqu'à un certain point des démonstrations les plus vives de la Piété Filiale, on peut en parler le langage et en faire les œuvres, sans en avoir les sentiments ; mais on ne saurait en avoir les sentiments sans qu'ils percent au-dehors à tout propos.

32. Les motifs du respect qu'inspire la Piété Filiale sont toujours les mêmes : pourquoi se démentirait-il dans l'intérieur de la maison ? S'il est véritable, il doit être le même qu'en public, non qu'il faille l'assujettir à tout ce que prescrivent l'étiquette et le cérémonial dans les fêtes, au nouvel an, etc... mais sans y mettre autant d'appareil, il peut être aussi noble, aussi expressif et peut-être encore plus touchant. Un fils vraiment respectueux est encore plus attentif sur soi-même qu'un courtisan que le prince honore de sa familiarité ; quelque amitié qu'un père et une mère lui témoignent, quelque liberté qu'ils lui accordent, quelque ordre même qu'ils lui en donnent, il ne se permettrait

pas un geste, une posture, un maintien, une façon de se tenir et de s'asseoir en leur présence dont il pût rougir devant un étranger. Les anciens étaient admirables en cela comme en tout le reste : ils étaient si éloignés de se donner des libertés dans le secret de leur domestique, que lors même qu'ils n'étaient pas vus, ils respectaient jusqu'aux meubles de leurs parents, et n'auraient pas osé passer par le chemin du milieu de la cour.

33. Que peut faire la Piété Filiale du fils le plus tendre, de comparable à ce qu'a fait pour lui la tendresse de les parents ? Que de soins, que d'inquiétudes et de sacrifices n'a-t-il pas coûtés à sa mère, même avant que de naître ! Tout ce qui pouvait exposer l'enfant ou lui nuire, effrayait la mère, et rien ne lui coûtait pour assurer la vie de cet enfant chéri. C'était pour lui qu'elle avait soin d'elle-même, c'était l'espérance de le conserver qui fortifiait son courage et animait sa constance au milieu des douleurs de l'enfantement. Il lui déchirait les entrailles, il l'environnait des horreurs de la mort, et elle n'était occupée que de son péril. Les soins qu'il faut rendre à un enfant sont également importants et pénibles ; la tendresse d'une mère n'y fait pas attention, les cris de son enfant ne blessent point son oreille, sa malpropreté ne la dégoûte pas, ses importunités ne la laissent pas ; s'il pleure, elle le console par les caresses ; s'il a faim, elle lui présente la mamelle ; s'il a froid, elle l'échauffe dans son sein ; s'il veut dormir, elle le berce ; s'il est éveillé, elle l'amuse ; elle quitte tout, jour et nuit, pour voler auprès de lui : quelque pauvres que soient un père et une mère, ils font l'impossible pour procurer des habits commodes à leur enfant ; tandis qu'ils se nourrissent des aliments les plus grossiers ou même souffrent de la faim, ils ont des ressources pour lui fournir une nourriture saine et agréable. Combien de fruits et de douceurs qui n'entrent dans la maison que pour lui ? Un père qui arrive le soir, fatigué du travail de la journée, songe d'abord à son enfant, et se délasse à le porter entre ses bras ; il ne le rend qu'avec peine à sa mère. S'il est malade, que d'inquiétudes ne cause-t-il pas à l'un et à l'autre ? ils souffrent plus que lui ; et quelque pauvres qu'ils soient, aucun remède n'est trop cher pour eux. Petite vérole, rougeole, plaies, ulcères, malpropreté, puanteur, rien ne ralentit leurs soins assidus ; ils donneraient de leur sang pour le soulager, ils ne commencent à respirer et à vivre que

lorsqu'il est hors de péril. Or, un fils bien né a tout cela présent, il veut s'acquitter envers ses parents, et sa Piété Filiale a toute la sensibilité, toute la délicatesse et tous les empressements de leur amour. Plus leur vieillesse les rapproche des misères, des besoins, des infirmités, des caprices, des humeurs, des oublis, des déraisons de l'enfance, plus son cœur en est touché et attendri, et plus il s'applique à leur rendre tout ce qu'il a reçu d'eux, en les servant, les soulageant, les soignant, les consolant, les amusant, les supportant sans se dégoûter, ni se lasser.

34. Confucius est admirable dans la manière de présenter les devoirs de la Piété Filiale. Il a commencé d'abord par détailler ce qui caractérise et distingue la Piété Filiale d'un empereur, des princes, des grands, etc. parce qu'il sentait bien que le plus aveugle sur ce qui le regarde est très clairvoyant pour les autres. Les princes, les grands, les lettrés, les gens du peuple ne pouvaient pas manquer d'applaudir à ce qu'il prescrit à l'empereur ; l'empereur à son tour devait approuver, comme les grands, les lettrés et le peuple, ce qu'il prescrit aux princes, etc... Or, il devait arriver de là que prononçant ainsi les uns sur les autres, ils se feraient justice et ratifieraient ses enseignements. Pour achever de les persuader, il a parlé ensuite de la nécessité, de l'excellence et des avantages de la Piété Filiale, et l'a enseignée sous ses rapports les plus intéressants, de manière à en faire concevoir une grande estime et à faire désirer qu'elle fleurît dans tout l'empire. Comme ce bon désir est un premier pas vers elle, il a tâché de la fortifier et de l'ancrer dans tous les cœurs, en faisant concevoir combien serait parfait et capable de rendre les peuples heureux un prince qui y excellerait. Tout cela était nécessaire pour préparer la persuasion des cinq grands devoirs qu'il articule ici ; devoirs essentiels, devoirs invariables, devoirs communs à tous, et qui embrassent tout. Car il a dit plus haut qu'en fait de Piété Filiale, le prince est peuple et au niveau du dernier de ses sujets. Mais comme les circonstances malheureuses du temps où il vivait ne lui permettaient pas d'appliquer cette grande maxime aux cinq devoirs qu'il détaille ici, parce qu'on l'eût accusé de lever le poignard de la satire sur ses maîtres, il se contente d'indiquer quels sont les vices et les malheurs qu'évitent ceux qui les observent, afin de ne pas effaroucher les esprits, et de dire la vérité sans les offenser ; condes-

cendance admirable et digne de sa haute sagesse. Autant il est vil de trahir les intérêts de la vertu par lâcheté ou par malice, autant il est digne d'une grande âme de ménager la faiblesse de ceux qui l'ont abandonnée pour les ramener plus sûrement vers elle :

« Un enfant, dit *Lao-tzeu*, en fait plus en fait de vertu qu'un vieillard n'en peut faire.

L'embarras n'est donc point de faire connaître aux hommes ce qu'ils doivent faire, mais de les engager doucement à s'en occuper, à y réfléchir d'eux-mêmes et à savoir gré à ceux qui viennent au secours de leur faiblesse.

« Les maladies de l'âme font comme celles du corps, dit *Ping-tching*, on les sent malgré soi, on voit qu'elles seront tôt ou tard funestes, on en voudrait guérir. Il est aussi absurde de supposer qu'un homme vicieux se croit un homme de bien, que de supposer qu'un malade s'imagine être en pleine santé ; et il ne lui est pas plus libre de ne pas désirer de devenir meilleur qu'à un malade de ne pas désirer sa guérison. L'art du moraliste, comme celui du médecin, consiste à s'y prendre de manière que le malade aime à l'entendre, à le croire et à faire ce qu'il lui prescrit.

Plusieurs lettrés moralistes anciens et modernes, enseignent une doctrine qui assurément est excellente ; mais les uns sont si mordants et si satiriques, les autres si méprisants et si superbes, ceux-là si argumentateurs et si subtils, d'autres enfin si hargneux et si plaintifs, qu'on est choqué de voir qu'ils ont raison : on leur en fait mauvais gré, et dans le dépit on en vient à haïr des vérités qu'on ne faisait que craindre : or, le malade le plus désespéré est celui qui hait la vie. Confucius l'entend mieux : ce n'est pas vous qui avez tort, ni lui qui a raison : c'est la Piété Filiale qui est aimable, et tout ce qui lui est contraire, odieux. Encore ne prend-il pas sur soi de le dire, c'est l'antiquité, c'est l'histoire, ce sont les sages qui l'ont prouvé ; il n'est l'écho et le témoin que de ce qu'on en trouve dans les *King*. Bien plus, ce n'est qu'à son disciple qu'il en parle dans un entretien familier, il ne se donne pas pour enseigner le public, c'est le public qui vient comme écouter furtivement, ou se fait répéter ce qu'il a dit confidemment à *Tcheng-tzeu*. Par ce moyen, il a des disciples dont il n'est pas le maître.

35. Les animaux des grands sacrifices étaient le bœuf, l'agneau et le cochon ; il n'était pas défendu dans l'antiquité de tuer des bœufs comme il l'a été depuis. Les troupeaux étaient beaucoup plus nombreux sans comparaison, et le peuple se nourrissait mieux. On voit dans le *Li ki* que les simples colons mêlaient presque toujours de la viande avec leurs herbages, et qu'on en servait aux vieillards à chaque repas. C'est en conséquence de l'ancien usage, que les premiers empereurs de la dynastie des Han assignèrent des fonds sur l'épargne, pour leur en procurer, et adoucir aux peuples la misère à laquelle le nouveau gouvernement les avait réduits.

36. Confucius réfute ici une erreur commune à tous les siècles, mais plus répandue encore de son temps. Que *procurer à la vieillesse de ses parents les aises et les agréments de la vie dans tout ce qui concerne le logement, la nourriture et les habits, c'est remplir tous les devoirs de la Piété Filiale.* Comme si la tranquillité du cœur, la sérénité des pensées et les joies de l'âme touchaient de moins près à notre bienêtre que les aises du corps. Or, si un fils expose son honneur, sa fortune ou sa vie, que de chagrins cuisants ou d'inquiétudes amères ne cause-t-il pas à un père, et à une mère ? à quelles désolations et à combien de malheurs n'expose-t-il pas la fin de leurs jours ? Dès là n'est-il pas évident que sa Piété Filiale dans le reste n'est qu'apparente ? La nature même l'apprend aux enfants avant que la raison leur parle. Ils s'observent, ils se contraignent, ils se gênent pour éviter ce qui déplaît à leurs père et mère, ou peut leur causer de l'inquiétude ; mais, quoi qu'on puisse faire à cet égard, on n'ira jamais si loin que la tendresse des parents. Les pères et mères prennent sur leur tranquillité, sur leurs inclinations, sur leur repos, sur leur santé et sur leur vie même, pour épargner du chagrin à leurs enfants ; ils se sacrifient en mille manières pour les rendre heureux ; et, comme l'a dit excellemment un ancien, la plupart de leurs vertus ne sont souvent que l'expression et l'effet du désir qu'ils ont d'y réussir. Que de modestie, de douceur, d'amabilité, de bienfaisance et de générosité n'inspire pas à un père l'envie de faire des amis à ses enfants, et de leur gagner la bienveillance du public ? Les passions même les plus ardentes et les plus impérieuses ne tiennent pas à cet égard contre les sollicitations de l'amour paternel. *Chang-y* avait la bonne foi de dire :

« La crainte de nuire à mon fils m'a corrigé du jeu et du vin, et sauvé mille fois des délicatesses de ma vanité et des saillies de ma colère ; je lui dois ma patience et mes amis.

37. Les cinq supplices dont il est parlé ici étaient :
   1° une marque noire qu'on imprimait sur le front ;
   2° l'amputation du bas de nez ;
   3° celle du pied ou du nerf du jarret ;
   4° la castration ;
   5° la mort.

Confucius vivait sous la dynastie des *Tcheou*, il parle des lois criminelles de son temps. Il n'est plus possible de rien articuler sur les trois mille crimes qu'on punissait de quelqu'un des cinq supplices : le peu qu'en disent le *Li ki* et le *Tcheou-li* par occasion, n'est ni assez clair, ni assez positif pour appuyer des détails. Tout ce qu'on sait plus sûrement, c'est que :

1° Quoique la loi eût déterminé des supplices dès le temps de *Yao* et de *Chun*, c'est-à-dire, dès le commencement de la monarchie, les *supplices corporels* ou peines afflictives n'ont commencé à être en usage que très tard ;

2° Que les dynasties des *Chang* et des *Tcheou* ajoutèrent beaucoup de lois criminelles à celles des *Hia* ;

3° Que dans le commencement même de la dynastie des *Tcheou*, il était très rare qu'on eût recours aux supplices, encore plus, qu'on condamnât à mort. Au lieu que depuis *Li-ouang*, qui monta sur le trône l'an 878 avant J.-C., les exécutions furent très fréquentes dans tout l'empire, sous le règne de quelques princes et empereurs cruels.

38. Il importe peu de savoir si le défaut de Piété Filiale est renfermé dans les trois mille crimes ou ne l'est pas, l'essentiel est que, selon la doctrine invariable de toute l'antiquité, c'est le plus grand, le plus atroce et le plus fatal de tous les crimes. Quelques lettrés de la dynastie des *Han* entreprirent de prouver que ce qui attaque les devoirs de la Piété Filiale est directement contraire à la nature de l'homme, à la raison, à la conscience, aux lois, au bien de la société, au repos des familles, au bonheur des particuliers et met l'homme au-dessous des bêtes les plus féroces ;

« mais, comme dit *Yen-tchi*, c'est faire outrage à son siècle, que d'insister sur de pareilles preuves : c'est le glaive du bourreau qui doit les administrer à qui les demande ; aucun barbare ne les a jamais demandés.

39. L'homme est fait pour aimer ses semblables ; il doit plus aimer ceux à qui il tient de plus près par son séjour, ses habitudes, ses besoins, ses devoirs, par leurs services, par toute son existence ; or, il est lié à ses parents par les liens les plus étroits, puisque c'est avec eux qu'il a commencé à vivre et qu'il a toujours vécu, que c'est à eux qu'il doit sa vie et la conservation de sa vie, qu'il n'a rien et n'est rien dans le monde que par eux. S'il ne les aime pas, il n'aimera ni ne pourra aimer personne, puisqu'il abjure la nature et anéantit toute sensibilité, et toute reconnaissance.

40. Pour bien prendre ici la pensée de Confucius, il faut se souvenir que dans les malheureux temps où il vivait, la doctrine de la Piété Filiale était attaquée et combattue par quelques philosophes, qui, pour faire leur cour aux princes, prirent sur eux d'en justifier les attentats les plus révoltants. Ces adulateurs sentaient bien que la révolte d'un fils contre son père, les guerres d'un cadet contre son aîné, pour le détrôner, attaquant de front les premières vérités de la morale, et renversant de fond en comble toute probité et toute justice, ils ne pouvaient colorer la noirceur de ces crimes qu'en érigeant en principe que la Piété Filiale n'était qu'un devoir factice et imaginaire. Ils osèrent l'entreprendre — et se jetèrent sur l'excellence, l'utilité, la beauté, la supériorité, l'universalité et les prééminences de l'humanité, pour faire illusion à la multitude par de grands mots. Ils ne tarissaient pas sur les louanges de cette bienheureuse humanité, qu'ils appelaient le *grand espoir*, le *charme*, le *soutien* de la société humaine, et la source intarissable de tous les biens dont on y jouit ; ils se récriaient sur la barbarie des siècles passés qui avaient été insensibles à son amabilité ; ils faisaient des peintures éblouissantes des sentiments qu'elle inspire :

« Comme si l'humanité des humanités, dit excellemment *Lieou-hiang*, ne consistait pas à s'aimer d'abord soi-même dans ceux à qui on doit d'être homme parmi les hommes.

Ces nouveaux docteurs cependant furent écoutés et applaudis : *l'humanité* devint un cri de sagesse et de vertu dont retentissaient tous les livres de morale et de politique.

« On comparait effrontément aux *Yao* et aux *Chun*, dit *Sun-hio*, de petits princes plongés dans la débauche, qui ne faisaient quelque bien à leurs vassaux que pour effacer l'horreur de leurs attentats contre la Piété Filiale, et s'en assurer le fruit.

Comme ce fanatisme n'avait pris que dans quelques principautés où toutes les lois étaient sans vigueur, parce que les ministres, les généraux, les grands trahissaient sans pudeur les princes parricides pour qui ils avaient trahi leurs devoirs, Confucius prit le biais de passer en principe le fait que tout le monde voyait : Que la Piété Filiale renversée, tout devient écueils, précipices et abîmes dans la société. Un père sans doute est le premier souverain de son fils, son premier maître et son premier seigneur. À qui obéira-t-il ? qui croira-t-il ? qui aimera-t-il, s'il ne veut ni lui obéir, ni le croire, ni l'aimer ? Mais les faits subsistants que tout le monde voyait, étaient encore plus décisifs pour la multitude que toutes ces raisons, et Confucius fit beaucoup mieux sans contredit, de les montrer du doigt que d'en articuler la cause. *Lin-tchi* de la dynastie passée observe à cette occasion qu'en matière de doctrine et de morale, les plus grandes erreurs sont toujours séduisantes. Quand quelque intérêt dégoûte de la vérité, les exemples les plus frappants n'arrêtent rien :

« Tous les malheurs, dit-il, qui anéantirent l'ancien gouvernement, ne sauvèrent pas les dynasties des *Soui*, des *Tang* et des derniers *Song*, de la folie de vouloir substituer l'humanité à la Piété Filiale, et de se perdre par là. Comme les lettrés de la dynastie des *Song* étaient plus subtils, plus raisonneurs, plus discrets et plus adroits qui leurs prédécesseurs dans cette carrière de mensonges, ils présentèrent l'humanité dans un si beau jour, ils élevèrent si haut le trône où ils la mirent, ils lui firent honneur si adroitement des vertus des premiers âges, ils en peignirent les sentiments d'une manière si aimable, si touchante et si tendre, que leurs ouvrages sont encore aujourd'hui des pièges dangereux pour les esprits superficiels. *Tao-tzeu, Tcheou-tzeu, Tchou-tzeu* et les deux *Tchin-tzeu*, ne s'accordent bien que sur cet article, et j'ai toujours craint que leurs nombreux ouvrages, au lieu de nous conserver le bon goût, comme on le prétend, ne nous ôtent d'autant plus infailliblement la doctrine antique de la Piété Filiale, qu'ils font plus semblant de la respecter. L'empereur *Hiao-tsong*, quoi qu'ils aient dit à sa gloire, les comparait à cet égard à une courtisane qui joue les timidités de la pudeur et de la modestie avec ses nouveaux amants.

41. Quand on a voulu renverser les premières règles des mœurs et les vérités capitales qui sont le point d'appui de la société, sous les règnes des princes qui n'étaient pas décidément mauvais, on a toujours commencé les attaques par des choses qui en paraissaient fort éloignées et de nulle conséquence. Le *Li ki* et le *Lun-yu* en fournissent une preuve bien sensible. Les doutes qu'on y propose à Confucius en matière de Piété Filiale, ne roulent que sur des particularités du cérémonial pour prendre, quitter, changer, commencer, etc. le deuil. Comme tout cela est susceptible de bien des interprétations et changements, à raison de la variété des conjonctures, ce sage avait besoin de toute sa pénétration pour ne pas donner prise dans ses réponses.

Mais le public n'était pas si clairvoyant que lui, ni si en état de défendre le cérémonial. On prit d'abord occasion de la difficulté de tout concilier, pour dégoûter des règles des anciens, et puis de faire des raisonnements sur ce qu'étant arbitraires et indifférentes dans leur première institution, il ne fallait pas s'en faire une gêne. Cela conduisit tout droit à examiner la nature des devoirs de Piété Filiale auxquels se rapportaient ces règles de cérémonial, et ensuite quels étaient ces devoirs et d'où ils dérivaient. Arrivé une fois à discuter la nature, la nécessité et la justice de ces devoirs, sous prétexte de mieux approfondir le cérémonial dont ils sont la base, on se donnait carrière, et la multitude croyait commencer à faire usage de sa raison, parce qu'elle commençait à prononcer sur ses devoirs et à s'en croire l'arbitre. Les sentiments se partageaient ; la nouveauté, l'esprit de parti, le goût du faux faisaient élever la voix au peuple nombreux des oisifs ; et, comme dit *Li-ké-hiao*,

« de la question de la forme des habits de deuil, on en vint à prétendre que la Piété Filiale n'était qu'une bienséance et une invention politique, qui ne dérivait point de la nature de l'homme, comme la justice, la probité et l'humanité.

Qu'on étudie les Annales avec réflexion, et on verra que tous les siècles se ressemblaient à cet égard.

(Notre commentaire devient insensiblement si ennuyeusement long, que nous analysons les analystes et abrégeons les abrégés des commentateurs chinois. Nous avons eu plusieurs fois la pensée de brûler tout ce qui va courant trop loin du texte, mais nous avons été arrêtés par la pensée qu'on pourra retrancher en Europe ce qu'on voudra (on l'a fait).

42. Les commentateurs chinois sont ici bien embarrassés pour expliquer comment la musique est le moyen le plus sûr pour réformer les mœurs. Les plus sages prennent le biais de glisser sur la difficulté, et de s'étendre en vaines louanges de la musique. Ce qu'ils font de mieux, c'est de citer le chapitre 18 du *Li Ki*, où il est dit que la musique

« tire ses règles du Ciel... ne souffre point de changement... fait entrer l'homme en commerce avec les esprits... fixe l'état de toutes choses, etc...

Puis cependant, ils laissent aux lecteurs le soin de chercher quelle est cette musique. Plusieurs savants missionnaires ont cru que le mot musique dont se sert Confucius, d'après les *King*, indique la religion. Nous sommes de leur avis qui, comme on le sent d'abord, se concilie à merveille avec le sens du texte. Du reste, nous ne plaçons ce mot que pour que nos Socrates couleur de rose ne se pressent pas trop de décocher des bons mots sur Confucius.

Les preuves de notre sentiment, que nous croyons démonstratives, demandent trop de détails et de développements pour être placées ici. Nous aurons peut-être occasion d'en rendre compte dans un ouvrage où on les verra plus volontiers.

43. Le mot *Li* indique en général les quatre espèces de cérémonial, savoir : le religieux, le politique, le civil et le domestique. Chacun contribue à affermir et à conserver le pouvoir souverain.

— Le cérémonial *religieux* qui est le premier, le plus antique, etc. (ce que nous voyons en ce genre, aux grandes cérémonies de l'empire près, est si affligeant, et ces cérémonies elles-mêmes sont un sujet si épineux, que nous n'avons le courage de suivre ici les commentateurs).

— Le cérémonial *politique*,

1° met l'empereur au-dessus de tout le monde, et s'élève d'autant plus haut, qu'il distingue plus de rangs et de degrés entre lui et le peuple ;

2° il environne le prince d'un appareil de grandeur et de majesté qui frappe la multitude. Tout ce qui lui appartient, tout ce qui est à son usage, tout ce qui le regarde, annonce sa prééminence suprême ;

3° il conduit aux pieds du trône, il y fait tomber à genoux, et y rapetisse tous ceux qui sont les plus élevés dans l'empire et les plus grands aux yeux du peuple ;

4° il a fixé un langage particulier pour parler à l'empereur, lui répondre, lui demander des grâces, le remercier de ses dons, signifier les moindres volontés, nommer tout ce qui lui appartient, etc.

5° ou il cache l'empereur à la multitude, ou il ne lui montre que dans une pompe qui cache l'homme et ne laisse voir que le souverain ; encore le gêne-t-il alors par une étiquette sérieuse et austère qui règle son maintien, ses manières, ses gestes, et détermine jusqu'à ses paroles, pour empêcher que ses passions ne percent, et pour le forcer à être paré au moins des apparences des vertus qu'il devrait avoir. Ce cérémonial ne se borne pas là : tout ce qu'il a déterminé pour l'empereur a également lieu, dans une proportion réglée, sur les rangs, les dignités, les emplois, pour les princes, les grands, les dépositaires de l'autorité publique et les gens de lettres parmi lesquels on les choisit.

Le peuple qui les trouve tous entre lui et l'empereur, se croit d'autant plus loin de sa personne, qu'il les voit séparés les uns des autres, rendre à leurs supérieurs tous les respects qu'ils reçoivent de leurs inférieurs, et leur obéir de même.

Tout cela contribue à cette harmonie de subordination qui augmente l'impulsion de l'autorité à proportion qu'elle descend de plus haut...

— Le cérémonial *civil* n'a point de sceptre ; ses lois ne sont que des conventions de concorde et d'amitié, de sentiment et d'honneur. Or,

soit qu'on considère la manière dont il rapproche les grands des petits, par les civilités, les bontés, les marques de considération et d'attachement ; ou comment il entretient et conserve le niveau de l'égalité dans les différents ordres de citoyens, par les honnêtetés, les déférences et les égards réciproques ; ou combien il tranquillise, console et encourage ceux qui sont placés aux derniers rangs, en les distinguant de leur personne ;

soit qu'on l'envisage comme une loi à part qui ôte à chacun ses droits pour les transférer aux autres, suppléa aux vertus sociales en en exigeant la représentation, compense l'inégalité des rangs et des fortunes par les sentiments obligeants qu'elle ordonne de témoigner et qu'elle ne donne pas droit d'exiger ;

sous quelque rapport, dis-je, qu'on considère et envisage le cérémonial civil, il est dans le gouvernement, comme dans les grandes machines la graisse dont on enduit les essieux des roues ; il en facilite les mouvements, empêche le bruit, et conserve tout en diminuant les frottements. Plus une nation est civilisée, policée, honnête, attentive et modérée, plus les mœurs publiques ôtent au commandement de sa rigueur, et à l'obéissance de sa servitude ; ce qui fortifie d'autant l'autorité suprême, qui n'a besoin alors que d'une impulsion légère pour produire le mouvement du bon ordre, et se ménage par-là une force invincible pour vaincre les obstacles, lorsqu'il s'arrête.....

— Le cérémonial *domestique* réunit tout à la fois le cérémonial politique et le cérémonial civil. Comme le premier, il met dans l'intérieur des familles une subordination d'autant plus aimable, qu'étant réglée sur le nombre des années et sur les degrés de parenté, chacun espère tous les respects, toutes les obéissances et soumissions qu'il rend, et les voit s'approcher de jour en jour, ou même commence à en jouir. Comme le cérémonial civil, il couvre de fleurs le joug du devoir, et met dans le commerce de la vie une continuité d'attention, de prévenances, de ménagements, de soins, de condescendances et d'amitié qui flattent l'amour-propre, en imposent aux passions. Or, en réunissant ainsi ce que l'un et l'autre a de plus propre à amollir les volontés, il en prépare et assure l'observation ; mais outre cela, il affermit directement le pouvoir souverain parce qu'il va plus loin, s'étend à plus de choses et est plus continuel. Qui obéit au clin d'œil d'un vieillard, ne résistera pas à l'ordre d'un mandarin, et qui se taxe lui-même pour une fête de famille, ne murmurera pas contre des impôts.

44. Plus on a lu l'histoire, moins on comprend comment la plupart des empereurs ont été assez aveugles sur leurs intérêts pour ne pas faire usage d'un moyen si aimable, si noble et si facile de consacrer leur autorité et de l'affermir. *Lieou-hiang* observe que les fondateurs des nouvelles dynasties sont ceux de tous les empereurs qui s'en sont le plus servi. Est-ce parce que ayant été de plus grands hommes, il y entrait plus de vertu et de sagesse

dans leur manière de régner, ou parce que leur autorité étant plus nouvelle, ils croyaient avoir plus besoin de la faire aimer pour l'affermir ? Laquelle que ce soit de ces deux raisons, les avantages qu'ils en ont retirés, rendent témoignage à la sagesse de Confucius. Mais que prescrit-il ici aux princes ? que leur insinue-t-il ? *Tsong-koué* répond :

« Un prince qui le demande n'est pas capable de le faire ;

et les critiques de *Tsong-koué* ont ajouté :

« Lui ne l'était pas de le dire ;

ce qui est très vrai dans un sens. Confucius lui-même n'en serait pas venu à bout, parce que c'est à l'occasion, au moment, aux circonstances à particulariser ce qui convient. On ne peut que tracer des règles générales dont chaque prince fait l'application selon son génie, son caractère et les conjonctures.

Ces règles, selon *Léang-tchi*, sont :

1° d'observer jusqu'au scrupule vis-à-vis de tout le monde, ce que prescrit le cérémonial, sans y rien ajouter, ni en rien retrancher. La multitude ne prétend à rien de plus : cette attention fermera la bouche à ceux qui voudraient se plaindre, ou les rendrait odieux, s'ils se plaignaient.

2° Bien loin de faire un embarras, une occasion de dépenses, ou un sujet de murmure, des bontés qu'il a pour quelques particuliers, il doit s'appliquer à les rendre commodes et lucratives pour ceux qui en sont l'objet, consolantes et aimables pour le public. *Tai-tsong* ne conduisait avec lui que quelques officiers de confiance, lorsqu'il allait visiter son ministre. *Kouang-ou-ti* mettait d'abord à leur aise les gens de la campagne, avec qui il aimait à s'entretenir. Les questions de *Ouan-li* aux nouveaux lettrés, leur suggéraient ce qu'ils devaient répondre. Quand les bontés du prince tombent sur des étrangers, des vieillards, des pauvres, des savants du premier ordre, des citoyens d'une haute vertu, d'anciens serviteurs, des officiers renommés pour leur mérite, ou les enfants, les frères de ceux qui ont rendu de grands services à l'État, tout le public charmé en partage la reconnaissance avec eux.

3° Reconnaître et respecter les droits du sang, de l'amitié, de la reconnaissance, etc. dans tout ce qui ne compromet pas sa dignité suprême et ne nuit point aux intérêts du public. Toutes les marques de respect d'amour qu'un empereur donne à l'impératrice sa mère, sont des trophées élevés à sa Piété Filiale dans tout l'empire. Tous les oncles, les frères et les parents lui savent gré de son bon cœur pour les siens. Plus il se rapproche de ses sujets dans les fêtes, les amusements, les affaires et les événements de famille, plus il s'y borne au rang que lui donne son âge, plus il s'assure de tous les chefs et anciens des familles, qu'il honore dans ceux de la sienne.

« Un empereur, dit *Léang-tchi*, se fait craindre et respecter par sa fidélité au cérémonial politique ; plus il se rapproche de son peuple par le cérémonial civil, plus il le gagne et le charme. Mais quand il donne le ton à tout l'empire en observant, autant que le lui permet la majesté du trône, les plus petites choses du cérémonial domestique, l'admiration, l'estime et l'amour des peuples n'ont plus de bornes. Une visite faite avec bonté à un oncle malade, un présent envoyé à de nouveau mariés, des caresses, des distinctions et des amitiés à un vieillard décrépit, le mettent plus haut dans leur esprit et plus avant dans leur cœur que la conquête d'un royaume et une remise de tous les impôts.

45. Confucius fait ici allusion aux empereurs de la première dynastie qui visitaient sans cesse leurs sujets, et en usaient avec eux si familièrement, qu'ils prenaient occasion de ce qui arrivait dans les familles pour y faire des leçons de Piété Filiale. Mais ce qui était praticable alors, vu l'innocence des mœurs, le peu d'étendue de leurs États et le petit nombre de leurs sujets, n'était plus praticable de son temps et encore moins de nos jours. D'ailleurs, la doctrine de la Piété Filiale n'est pas comme ces doctrines obscures et subtiles, qui n'entrent dans les esprits que par un long enseignement ; la nature l'a gravée dans tous les cœurs, et les enfants l'y lisent avant que leur raison soit développée.

1° Il y a des écoles dans tout l'empire pour la jeunesse, et les devoirs de la Piété filiale sont ce qu'on y enseigne d'abord et avec le plus de soin.

2° Les lois de l'empire ont articulé dans le plus grand détail les obligations réciproques des parents et des enfants, des frères aînés et des frères cadets, des maris et des femmes, des oncles et des neveux, etc. en décernant des peines sévères contre ceux qui en méprisent l'observation, et des récompenses magnifiques pour ceux qui s'y distinguent, de quelque âge, sexe et condition qu'ils soient.

3° Outre un nombre prodigieux de livres de morale anciens et nouveaux, et dans tous les styles, où l'on épuise tout ce qui a trait à la Piété Filiale, les annales, les ouvrages d'éloquence, de littérature et de poésie, toutes les sciences lui rendent hommage, et se tournent vers elle dans les choses qui en sont les plus éloignées, pour en inspirer et en faciliter la pratique journalière. Le gouvernement entier de l'empire, les usages publics, les mœurs générales, les coutumes et les habitudes des provinces comme de la capitale, du village comme des villes, sont une répétition continuelle de tout ce que prescrivent le respect et l'amour filial. Les murailles même des maisons en sont des leçons ; en un mot, quelque part qu'on aille, tous les monuments publics annoncent aux yeux la nécessité et l'utilité, la prééminence et la gloire de cette première des vertus. Tout ce que doit et tout ce que peut faire un empereur à cet égard, c'est de conserver aux races futures ce que les générations passées nous ont transmis, et il y réussira à son gré du fond de son Palais, par sa vigilance et surtout par ses exemples.

46. Que veut ici enseigner Confucius ? À regarder comme les plus fermes appuis du trône par leur liaison avec la Piété Filiale, quantité de choses où les esprits médiocres ne voient qu'un vain appareil de représentation, ou tout au plus des bienséances et des adresses politiques pour frapper la multitude ; c'est-à-dire, tout ce que faisait le gouvernement de son temps pour faire refluer sur les pères et mères des gens en place, les prééminences et distinctions de leur rang :

1° par les titres et prérogatives qu'on leur accordait, selon que leurs fils se faisaient jour par leur mérite et se distinguaient dans leurs emplois ;

2° par les égards qu'on avait pour leur vieillesse jusqu'à exempter leurs enfants de rester à l'armée, et leur permettre de se retirer auprès d'eux, quelque nécessaires qu'ils fussent à l'État dans les emplois dont ils étaient chargés ;

3° par la part qu'ils prenaient à leurs maladies et infirmités ; les princes envoyaient des remèdes et des médecins aux parents de leurs ministres, de leurs généraux et autres grands officiers, les venaient visiter eux-mêmes, et envoyaient visiter de leur part ceux des mandarins subalternes et même des lettrés distingués ;

4° par la pompe, l'éclat et la solennité qu'il ajoutait à leurs funérailles ;

5° par les titres et les éloges dont on chargeait leurs tombeaux et les monuments dont on les ornait. Il ne faut qu'ouvrir le *Li ki*, le *Tcheou li* et l'*Y li*, pour voir que l'antiquité était à cet égard d'une attention admirable, et profitait de tout pour honorer les pères et mères des gens en place et s'acquitter envers eux de la reconnaissance due aux services de leurs fils.

Selon *Teng-sieou* et quelques autres savants, Confucius a aussi en vue ici :

1° les cérémonies que les empereurs devaient faire plusieurs fois chaque année dans la salle de leurs ancêtres ;

2° les respects et honneurs qu'il était d'usage qu'ils rendissent à l'Impératrice mère le premier jour de l'an, le jour de sa naissance et le jour de la leur ;

3° le repas des vieillards, auquel ils présidaient en grand appareil, dans la capitale par eux-mêmes, et par leurs officiers dans les autres villes ;

4° les secours publics pour les citoyens qui se distinguaient par leur sagesse, leur bonne conduite, leurs vertus, et surtout par leur Piété Filiale ;

5° le soin de pourvoir à la subsistance et au soulagement des veuves, des vieillards abandonnés, des orphelins, etc.

6° le maintien de la succession légitime des princes, et la conservation de leurs droits ;

7° les entrées, audiences et départs, soit des princes qui venaient à la cour, soit de leurs envoyés ;

8° la protection et les honneurs accordés aux veuves qui renonçaient à un second mariage, soit qu'elles eussent déjà passé dans la maison de leur époux, soit qu'elles ne fussent que fiancées ;

9° les récompenses publiques accordées à ceux qui se distinguaient par des traits héroïques de Piété Filiale, et la punition éclatante de ceux qui en violaient publiquement les devoirs. Quoi qu'il en soit de la conjecture de *Teng-sieou*, d'autant plus vraisemblable cependant qu'elle est fondée sur le *Li ki*, il n'est pas douteux que, tout cela attirant l'attention publique, devoir faire beaucoup d'impression sur les esprits, et augmenter l'autorité en la faisant aimer.

47. « Les petits esprits, dit *Ouang-ouen*, s'extasient en lisant les noms pompeux et sonores qu'on a donnés à quelques empereurs, ou qu'ils ont pris eux-mêmes, et les sages disent tout bas : Ces grands surnoms tous réunis ne donnent pas une si grande idée d'un empereur que les deux mots si simples, si naïfs et si vulgaires de *père et mère des peuples*, dont la bonne antiquité fit un surnom aux bons princes qui aimaient leurs sujets comme leurs enfants, et réussirent à les rendre heureux en les rendant meilleurs.

Un siècle devrait l'enseigner à l'autre, et tous les échos de l'empire le répéter sans cesse ; les victoires et les conquêtes, les grandes entreprises et les succès les plus éclatants, l'abondance même universelle et la continuité de la paix ne sont pas ce qui fait les beaux règnes et les grands empereurs ; parce que ce n'est pas là surtout ce qu'ont cherché les hommes en élevant des princes sur leurs têtes pour les gouverner. Le vrai mérite et la gloire d'un empereur, est de remplir la touchante et délicate idée de *père et mère des peuples*, par leur tendre et continuel amour pour leurs sujets, et par leur application à pourvoir à leurs besoins et à assurer leur tranquillité, à les instruire, à les corriger et à les rendre meilleurs. Si nous n'avons rien à envier aux siècles qui nous ont précédés, si la postérité la plus reculée tournera sans cesse les regards vers le nôtre, ce ne sera ni parce que nos armées victorieuses ont subjugué et conquis des pays immenses, dont nous ne savions pas même les noms ; ni parce que des peuples et des nations innombrables s'empressent à nous venir porter leurs tributs et leurs hommages ; ni parce que l'agriculture, les arts et le commerce environnent de biens et de richesses tous les ordres de l'État ; ni même parce qu'aucun trouble, aucun fléau, aucune calamité ne troublent la tranquillité publique depuis tant d'années ; mais parce que notre empereur (*Kang-hi* qui monta sur le trône en 1672, et mourut en 1722) est si plein d'amour pour les peuples et les aime avec tant de tendresse, qu'il n'est occupé que du soin de le leur témoigner. Il a foudroyé l'injustice, l'homicide, le luxe, les malversations, les usures et les monopoles qui causaient auparavant tant de désordres, et il nous aurait rendus aussi vertueux que nos ancêtres, si nous avions été aussi dociles. Que nous nous méprenons dans les témoignages que nous prétendons lui donner, à sa soixantième année, de notre amour et de notre respect, de notre admiration et de notre reconnaissance ! Que lui offrons-nous, en lui offrant des présents ? Tous les biens dont nous jouissons depuis tant d'années, n'est-ce pas à son économie, à sa modération et à sa sagesse que nous les devons ? Si l'adresse de nos artistes ajoute au prix de l'or, si les pierreries et les perles s'embellissent sous leurs doigts, si nos soieries imitent la peinture de si près, si nous trouvons chez nous mille curiosités qui nous attirent l'argent des étrangers, n'est-ce pas lui qui a donné l'essor au génie et poussé les inventions de l'industrie ? Que peuvent dire nos poètes et nos orateurs que nos alliés et nos ennemis même n'aient dit avant eux ?

Quelques monuments que nous élevions pour signaler notre amour et transmettre aux siècles futurs les miracles de son règne, le glorieux surnom de *père et mère des peuples*, que l'histoire fera voir qu'il a si bien mérité, lui assurera une immortalité bien plus désirable. Si nous sommes véritablement zélés pour sa gloire, assurons-lui ce beau surnom en marchant à sa suite dans les sentiers de la Piété Filiale, de la probité, de la bienfaisance, de la bonté, de la modération et de toutes les vertus qui ont fait réussir tous ses projets. Il suffirait de dire que c'est là son plus grand désir, ce qui le flattera plus dans nos sentiments pour sa personne sacrée, parce qu'il est véritablement *le père et la mère de son peuple*.

48. Les hommes sont portés au bien par leur conscience, par leur raison, par l'amour de leur propre excellence, par les attraits de la vertu, par les satisfactions et les avantages qu'ils y trouvent, et par la pensée de la mort. Mais ils sont encore plus vivement portés au mal par la séduction des objets extérieurs, par les égarements de leur raison, par la vivacité de leurs passions et par la faiblesse et l'inconstance de leur cœur : aussi est-il infiniment plus facile de les entraîner dans le vice, que de les faire entrer dans les sentiers de l'innocence. Un mauvais prince corrompt rapidement les mœurs de ses sujets, par son seul exemple ; il ne fallut que peu d'années aux *Kié* et aux *Tcheou* pour pervertir tout l'empire. Un bon empereur au contraire a besoin d'une sagesse supérieure et d'une vertu sans reproche,

pour gagner ses peuples à la vertu. Il y trouve une infinité d'obstacles et de difficultés, et ce n'est qu'à force de soins, d'application, de zèle et de patience qu'il en vient enfin à bout après bien des années. Les *Tching-tang* et les *Ou-ouang* eurent beau déployer toutes les ressources de leur bienfaisance et de leur générosité, leur règne entier suffit à peine pour consommer la réforme des mœurs publiques. C'est à eux que Confucius fait allusion et applique les paroles du *Chi-king* : *Combien parfaite*, etc. Mais il prétend moins louer ces grands empereurs, qu'apprendre à tous les princes à ne pas se flatter de changer les mœurs publiques par des lois et des instructions, des menaces et des promesses, des châtiments et des récompenses, des peines même et des coups d'autorité. Ces puissants moyens glissent sur les cœurs de la multitude, où ne font que les effleurer, si l'impression victorieuse et irrésistible de leurs bons exemples ne redresse pas le penchant du cœur. Le trop subtil *Tchang-ki* prétend que les peuples se voyant si au-dessous d'un empereur dans tout ce qui tient à son trône, et sentant d'un autre côté qu'ils peuvent lui disputer la supériorité en fait de vertu, songent à se mesurer avec lui dès qu'il veut s'élever au-dessus d'eux par les bons exemples, et font l'impossible pour lui disputer la supériorité de sagesse et d'innocence. *Lien-kouo* assure que l'exemple du prince réforme plus les apparences que le fonds des mœurs, et que si elles paraissent meilleures, c'est que les uns veulent faire leur cour, les autres se pousser dans les emplois, ou éviter des mortifications. *Lu-tchi* les réfute l'un et l'autre, en les accusant de calomnier les hommes d'après des idées misanthropiques, et prétend que le *Tien* qui suscite et donne les bons princes pour le bien des peuples, leur donne aussi des sages, et des grands hommes pour aider leurs exemples, et féconde leur zèle par des événements dont le concours prépare les cœurs à un changement universel, et il s'appuie de ces trois sentences de *Mong-tzeu* :

« Réjouir le *Tien*, c'est protéger tout l'empire. Ce que l'homme ne peut pas faire, le *Tien* le fait... Si l'entreprise réussit, cela vient du *Tien*...

49. Dans les grands concerts, dit *Lin-pé*, on monte le *kin* au ton que demande la pièce de musique qu'on doit jouer ; puis on accorde chaque instrument avec le *kin*, et quelque différents qu'ils soient

les uns des autres par leur forme, leur grandeur et la manière d'en jouer, ils forment ensemble une juste harmonie. La famille impériale est le *kin* des mœurs politiques, civiles et domestiques de tout l'empire.

50. Pourquoi *Tcheng-tzeu* semble-t-il réduire tous les devoirs de la Piété Filiale a l'obéissance ? C'est qu'en effet elle les renferme tous, et est comme le dernier terme et la plus haute perfection de cette précieuse vertu. L'éducation et l'habitude conduisent à respecter un père et une mère, la pente du cœur et l'impulsion du sang à les aimer, l'amour de sa réputation et de son repos à leur rendre des soins, mais il n'y a qu'une Piété Filiale éminente qui puisse leur faire rendre une obéissance universelle et continuelle.

« Cette obéissance est le triomphe de la Piété Filiale, dit *Lieou-hiang*, parce qu'elle est prise sur les passions et sur l'amour-propre, qu'elle travaille sur toute l'âme, dompte l'esprit, captive le coeur et domine toute la conduite.

Dans tout le reste, on ne sacrifie que les biens, ses aises, son repos ; mais dans l'obéissance, on sacrifie ses pensées, les projets, ses désirs, ses vues ; on fait même plus, on les contredit. Tout le reste a ses jours et ses moments, ses lieux et ses circonstances, au moins pour ce qui est extérieur ; mais l'obéissance ne connaît point ces différences et ces alternatives. Ce qu'un père et une mère ont défendu, on ne peut jamais se le permettre ; ce qu'ils ont ordonné, il faut toujours le faire.

L'obéissance qu'on rend au souverain, ne regarde que la vie civile ; celle qu'on rend à un supérieur, n'a trait qu'à ce qui est de son emploi ; celle qu'on a pour un maître, n'a lieu que pour l'ordre des études ; au lieu que celle-ci attachée aux pas d'un fils comme son ombre, lui demande compte partout de toutes ses actions, le poursuit jusque dans l'intérieur de sa demeure, et

« achève de lui enlever, comme dit *Tchint-zeu*, le peu de liberté qu'il a sauvé de son souverain, de ses supérieurs et de ses maîtres.

51. Dans les premiers temps, on prouvait qu'un sujet a droit de faire des représentations au prince et de l'avertir de ses fautes, parce que son autorité n'est que l'autorité paternelle étendue à toute sa famille de l'empire, et que quelque sacrée que soit l'autorité d'un père, quelque grand que soit le respect qui lui est dû,

et quelque universelle que doive être l'obéissance qu'elle exige, un fils bien né peut et doit faire des représentations à ses parents. Les mœurs avaient changé du temps de Confucius. Il emploie adroitement le fait connu des censeurs que la loi donnait au prince, pour en conclure qu'un fils a droit d'être celui de son père. Biais très heureux en ce que, sans offenser ni l'empereur ni les princes, il conservait l'ancien droit, le faisait connaître et le consacrait par sa liaison avec la Piété Filiale. Autant les empereurs et les princes avaient intérêt à maintenir l'enseignement de l'ancienne doctrine sur la Piété Filiale, parce qu'elle était toute au profit de leur autorité et de leur grandeur, autant ils étaient forcés d'admettre l'enseignement du fait des censeurs qui leur étaient assignés par la loi ; parce qu'il constatait l'obligation des enfants de reprendre leurs parents.

(Le despotisme, la tyrannie, l'abus le plus effrayant du souverain pouvoir par les empereurs, n'ont jamais pu ni supprimer les censeurs, ni leur imposer silence. C'est presque l'unique chose qui soit restée aux Chinois de leur ancien droit public ; mais ils l'ont conservée en entier, et elle supplée presque à tout ce qu'ils ont perdu : du reste, cet établissement est aussi avantageux aux empereurs qu'aux peuples. Les empereurs de la dynastie régnante, bien loin de se prévaloir du droit de conquête pour imposer silence aux censeurs, ont avoué que c'était à leurs représentations continuelles qu'ils devaient la prospérité et l'éclat de leur règne).

52. On a examiné dans l'antiquité si un fils devait étendre les représentations à toutes les fautes que peuvent faire ses parents. À s'en tenir à la pluralité des opinions, il paraît que la Piété Filiale ne lui demande rien à cet égard pour toutes les fautes de fragilités et de misère humaine qui découlent dit caractère, de l'humeur, des infirmités de l'âge, de la crise d'un mauvais moment, etc. quand elles sont enfermées dans la famille et ne percent pas aux yeux du public. Prescrire à des enfants de veiller ainsi sur leurs parents par des représentations journalières, ce serait presque les mettre à leur niveau, et renverser toutes les idées de Piété Filiale : aussi ne voit-on pas ni que les King l'insinuent, ni que les annales en citent d'exemple. Au contraire, le *Li ki*, en parlant de la mauvaise humeur que peuvent causer les représentations d'un fils à son père ou à sa mère, dit qu'il vaut mieux en

essuyer les mauvais effets que de voir leurs concitoyens et tout le canton irrités contre eux, ce qui suppose que ces représentations n ont lieu que pour des choses qui ont trait au public. Quelques sages cependant ont enseigné qu'un fils d'une conduite irréprochable, et qui a réussi à contenter ses parents, peut profiter des ouvertures que lui donnent leur confiance et leur tendresse, pour réveiller leur attention sur leurs défauts ; mais ils ajoutent que peu de fils se rendent assez aimables, assez gracieux et assez au gré de leurs père et mère pour le tenter, et que ceux même qui se distinguent le plus par leur Piété Filiale, ne sauraient rien faire de mieux que de les engager à s'avertir et à se reprendre eux-mêmes.

53. Qu'on ouvre les annales des premières dynasties à quel règne on voudra, on verra avec joie qu'à remonter jusqu'à *Chun*, l'autorité des empereurs, le succès de leur gouvernement et la gloire de leur règne, ont toujours été comme en regard avec leur Piété Filiale envers leurs parents. Comme on pourrait dire qu'ils avaient pour eux la candeur, l'innocence et la probité des mœurs antiques, il ne faut que jeter un coup d'œil sur l'histoire de la dynastie des *Han* pour se convaincre que la Piété Filiale des empereurs aura toujours les mêmes effets, lorsqu'elle sera toujours la même.

« Les premiers empereurs de la dynastie des *Han*, dit *Lu-tchi*, avaient réussi tout à la fois à consoler le peuple de la perte de l'ancien droit public qu'ils ne pouvaient plus rétablir ; à cicatriser les plaies douloureuses et sanglantes du despotisme de *Tsin-chi-hoang* ; à faire adopter un nouveau corps de lois qui conciliât tous les intérêts des peuples et de leur trône ; à rétablir les principes de politique, de morale, de discipline, de probité, de jurisprudence, d'économie et d'administration ; à créer des fonds pour les finances, des facilités pour l'agriculture, pour le commerce, pour les arts, et des ressources pour la guerre ; à élever enfin un nouvel empire sur les ruines dispersées et fumantes de l'ancien, et tout cela avec une autorité précaire, chancelante, disputée, qui avait de tous côtés des obstacles et des résistances continuelles à surmonter : car les instruments et les complices de leurs usurpations prétendaient les dominer. Les peuples accoutumés aux révoltes et aux troubles ne pliaient sous le joug que par intervalle, et pour comble de maux, des minorités et des régences suspendaient ou changeaient sous un règne ce qui avait été commencé sous le précédent. Quelle position plus délicate, plus critique, plus périlleuse. L'ascendant de la Piété Filiale qu'on avait prise pour point d'appui et pour boussole, surmonta et anéantit tous les obstacles, et affermit tellement l'autorité des empereurs, qu'ils exécutèrent avec succès tout ce qu'ils entreprirent. Les honneurs qu'ils décernèrent à leurs ancêtres, les respects qu'ils rendirent à leurs parents, les droits qu'ils accordèrent aux pères sur leurs enfants, les distinctions qu'ils accorderont aux vieillards, les bienfaits qu'ils répandirent sur les veuves, les orphelins et les malades ; les caresses et les présents qu'ils firent à ceux qui se distinguèrent par leur Piété Filiale, subjuguèrent tous les cœurs, mirent le bon ordre partout, et rendirent la Chine plus florissante et plus redoutable aux étrangers qu'elle ne l'avait jamais été. *Ou-ti*, un des premiers empereurs de cette célèbre dynastie, gouvernait plus facilement toutes les provinces que les anciens princes feudataires leurs petits États, et ses armes victorieuses multipliaient tellement les conquêtes au nord et au midi, à l'orient et à l'occident, que les tributs seuls des peuples nouvellement soumis auraient suffi pour remplir les trésors.

(Il faut que nous rendions ici justice aux vrais lettrés de toutes les dynasties ; fidèles à la doctrine de leur maître Confucius par la Piété Filiale, ils l'ont défendue de dynastie en dynastie avec une ardeur et un zèle vraiment patriotiques. C'est à eux que les *Han* durent ce qu'ils exécutèrent de plus beau pour conserver la Piété Filiale, et en faire leur appui. Si toutes les dynasties ne l'ont pas également fait, c'est que les lettrés n'ont pas été écoutés).

54. Les *aînés* dont parle ici Confucius, désignent non seulement les frères aînés que les empereurs avaient quelquefois, à cause des concubines de leur père, plutôt mères souvent que l'impératrice, dont ils étaient toujours fils, mais encore les oncles paternels et maternels, les cousins germains et autres princes de la famille impériale plus âgés qu'eux. Selon la grande et invariable doctrine de l'antiquité, quoique l'empereur (fût-il dans sa première jeunesse) soit totalement indépendant de ses aînés, qui au contraire doivent lui être soumis et lui obéir, la Piété Filiale lui fait un devoir rigoureux de respecter en eux la supériorité de

l'âge, de leur faire honneur, et avoir pour eux toutes les déférences qui peuvent se concilier avec les droits du sceptre et le bien de ses peuples.

Si l'impératrice mère vit encore, et qu'il descende sans cesse de son trône pour se prosterner devant elle, qu'il fasse sa première affaire de la consoler, de la contenter, de la faire jouir de tous les sentiments de son respect et de son amour.

« Ses regards même seront obéis, dit *Tchin-tzeu*, et d'un bout de l'empire à l'autre, chacun s'empressera à deviner ses goûts pour prévenir ses désirs. Il n'y a pas un frère aîné, un oncle, une tante, un cousin germain dans toutes les provinces, ajoute-t-il plus bas, qui ne prenne pour son compte tout ce que l'empereur fait pour honorer les siens, qui ne lui en sache gré, qui n'en soit flatté, qui ne prenne à tâche par reconnaissance, d'inspirer à la jeunesse un grand amour et un grand respect pour son auguste personne.

55. La doctrine des modernes est parfaitement d'accord sur ce point avec celle des anciens. Les hommes d'État ne sont sujets fidèles et citoyens patriotes, qu'autant qu'ils ont dans un degré supérieur cette élévation de pensée, cette probité de cœur, et cet amour du vrai, qui n'écoutent que le devoir dans le service du prince et de l'État. Qui cherche sa gloire, sa fortune, ou quelqu'autre intérêt dans les soins de l'administration publique, trahira infailliblement ou le prince ou la patrie. Confucius, pour peindre d'un seul trait un sage qui s'est dévoué aux travaux du ministère par Piété Filiale, dit : *Qu'il ne porte au Palais que des pensées de fidélité, et n'en rapporte*, etc. En effet, dès là qu'il n'a en vue que de donner une grande idée de ses parents et de les rendre chers à tout l'empire, ses pensées doivent toutes se porter vers le bien public. L'ambition, la soif des richesses, le fracas des succès ne lui coûtent pas un désir ; il lui faudrait descendre de trop haut pour ramper ainsi dans la bassesse et la misère de ses intérêts personnels. Il est toujours prêt à se sacrifier pour la chose publique, comment se laisserait-il distraire, par de petits retours sur lui-même, des grands projets de sa magnanimité et de son zèle ? Mais aussi qu'une âme de cette trempe se donne de droit pour dire la vérité sans ménagement, défendre la cause des peuples, réclamer pour la justice, résister aux mauvais conseils, dédaigner les manèges rampants d'une

politique pateline, et se faire écouter du prince lors même qu'il lui reproche ses torts et l'avertit de ses méprises.

Le père Ricci a un dialogue dans son *Ki-gin-chu-pien*, où il conduit un mandarin à avouer qu'un homme en place ne peut remplir l'attente du prince et de la patrie qu'en se dévouant à des travaux, des soins et des soucis continuels, d'autant plus amers qu'il aura plus de probité et de zèle ; puis il profite de cet aveu pour prouver la nécessité des récompenses d'une autre vie.

56. On avait déjà commencé du temps de Confucius à attenter à sa propre vie, pour ne pas survivre aux morts qu'on pleurait. Soit dit à la gloire de la Piété Filiale : à quelques excès qu'on se soit porté en ce genre, quand on a eu abandonné l'enseignement de l'antiquité, elle n'a été qu'une occasion, fort innocente des délires homicides qui ont changé en arrêt de mort les soupirs et les larmes de deuil. Comme la douleur de quelques filles et de quelques jeunes gens à la mort de leurs père et mère, était montée par degré à une véhémence si extrême, qu'ils en avaient perdu le sentiment et même la vue, les louanges que l'administration publique leur prodigua devinrent un piège pour des favoris et des concubines préférées de quelques princes. Dans la crainte que l'abus qu'ils avaient fait de leur crédit ne retombât sur eux, ils attentèrent sur eux-mêmes pour s'immortaliser par leur prétendue fidélité. Ce premier pas fait, les successeurs de quelques princes obligèrent leurs domestiques et leurs concubines, leurs favoris et leurs ministres à aspirer à cette espèce de gloire. Des la quatrième de *Li-ouang* (878 av. J.-C.), on força les plus zélés serviteurs du prince de *Tsing* à se donner la mort pour ne pas survivre à leur maître ; et la trente-et-unième année de *Hiang-ouang* (621 av. J.-C.), cent soixante-dix personnes rendirent le même honneur à la mémoire d'un autre prince de *Tsing*. Confucius ne pouvait pas attaquer directement un abus qui était protégé par la politique de plusieurs des princes de l'empire ; il se contenta de prendre occasion de la douleur de la Piété Filiale pour le proscrire comme un attentat contre la nature, et une frénésie aussi barbare que ridicule et insensée ; mais à la honte de la raison humaine, la sagesse de ses maximes a échoué pendant bien des siècles contre les fausses doctrines, les ruses de la politique et le fanatisme des passions.

(Les commentateurs devaient à la vérité, quelque chose de

plus. Il est de fait que quoique les lettrés et presque toute la nation regardent comme un attentat de se défaire de soi-même, pour ne pas survivre à une personne chérie, les exemples de ces suicides se renouvellent sans cesse, et sont une espèce de bienséance pour les personnes d'un certain rang parmi les Tartares. On a dit bien des fois, depuis que nous sommes en Chine, à la mort de plusieurs princes, que leurs épouses, concubines, officiers, esclaves, étaient allés les accompagner chez les morts. Nous ne pouvons mieux faire entendre où en sont les choses ici sur cet article, qu'en disant qu'on en raisonne, en parle et en juge à peu près comme en Europe du duel).

Copyright © 2020 par FV Éditions
Couverture : FVE
ISBN Ebook : 9791029910357
ISBN Livre broché : 9798565066036
ISBN Livre relié : 9791029910364
Tous Droits Réservés

Également Disponible

www.ingramcontent.com/pod-product-compliance
Lightning Source LLC
LaVergne TN
LVHW091531070526
838199LV00001B/14